铁路职业教育铁道机车运用与维护专业新形态一体化系列教材

机车电工技术

张广军　主编
王建立　主审

中国铁道出版社有限公司

2023年·北　京

内容简介

机车电工技术是铁道机车运用与维护专业的一门专业基础课，内容主要是铁路机车电工(电力)需要掌握的基本电工知识。全书按项目—任务式体例格式编写，主要内容分为6个项目20个任务，包括机车电工职业岗位认知、简单电气控制电路装调、直流电动机装调、交流电动机典型控制电路装调、现代变流技术、现代电气控制技术内容。每个项目后面都配有巩固练习，便于学生课后复习巩固。

本书可作为铁路职业教育铁道机车运用与维护、电力机车运用与检修专业及相关专业学生用书，也可供现场培训使用。

图书在版编目(CIP)数据

机车电工技术/张广军主编.—北京：中国铁道出版社有限公司，2023.1

铁路职业教育铁道机车运用与维护专业新形态一体化系列教材

ISBN 978-7-113-29041-2

Ⅰ.①机… Ⅱ.①张… Ⅲ.①电力机车-电工-职业教育-教材 Ⅳ.①U264

中国版本图书馆CIP数据核字(2022)第058805号

书　　名：机车电工技术
作　　者：张广军

策　　划：阚济存
责任编辑：阚济存　亢丽君　**编辑部电话：**(010)51873133　**电子邮箱：**td51873133@163.com
封面设计：崔丽芳
责任校对：安海燕
责任印制：高春晓

出版发行：中国铁道出版社有限公司(100054，北京市西城区右安门西街8号)
网　　址：http://www.tdpress.com
印　　刷：北京联兴盛业印刷股份有限公司
版　　次：2023年1月第1版　2023年1月第1次印刷
开　　本：787 mm×1 092 mm 1/16　**印张：**10.5　**字数：**251千
书　　号：ISBN 978-7-113-29041-2
定　　价：38.00元

前言

本书是北京市职业院校特色高水平实训基地建设——中铁天佑工程师学院建设项目成果之一，在内容形式上采用新形态一体化的编写方式，符合教、学、做一体化的教学理念。

本书是铁道机车运用与维护相关专业的专业基础课教材，参照《国家职业标准》中的机车电工(电力)初级工的知识与技能标准，针对企业对职业教育的需求，融入任务驱动、理实一体、讲学练相结合的新教学理念，在全面迎接课堂革命的背景下编写。本书可作为铁路职业院校铁道机车运用与维护专业、电力机车运用与检修专业机车电工初级工相关课程使用，也可作为现场相关等级的职工培训使用。

本书以机车电工的工作岗位为目标，以项目划分教学内容，每个项目下设若干任务不等。全书共分 6 个项目 20 个任务。

本书由北京铁路电气化学校张广军任主编，北京铁路电气化学校王建立主审，北京铁路电气化学校许云雅、姜攀参与编写。具体编写分工如下：张广军编写项目一，项目二的任务三～任务五，项目三。项目五和项目六的任务一～任务三；许云雅编写项目二的任务一、任务二和项目四；姜攀编写项目二的任务六，项目六的任务四。

本书在编写过程中得到了现场人员和学校领导的大力支持，同时对参编老师们克服教学与生活中的困难完成编写一并表示感谢。由于时间仓促且受编者水平所限，书中不足敬请指正与谅解。

编　者

2022 年 11 月

目 录

项目一
机车电工职业岗位认知

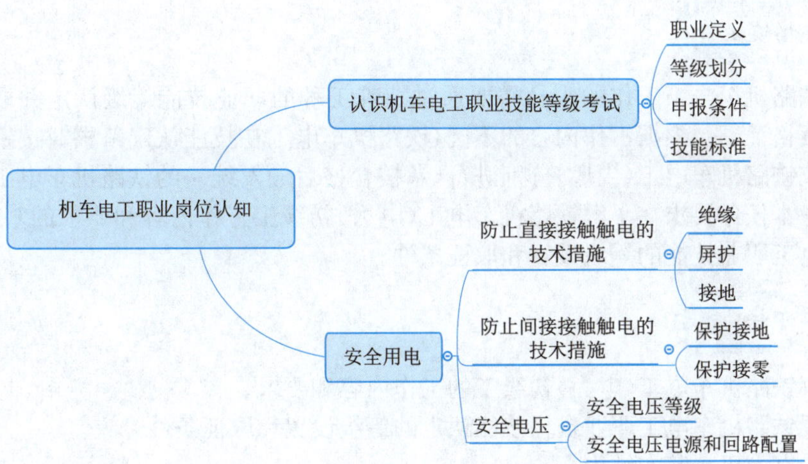

根据《中华人民共和国职业分类大典》规定:铁路机车制修工是使用工具和设备,制作、装配、检修、调试铁路机车、轨道吊车机械、电气等系统的人员。铁路机车电工是铁路机车制修工岗位下设的铁路特有工种。符合报考条件的人员可以向中国国家铁路集团有限公司申请铁路职工职业技能等级认定考核。

本项目要求在初步认识机车电工(电力)工作内容的基础上,熟悉机车电工(电力)的理论和技能要求,掌握电力机车的基础结构和工作场所的安全用电知识与操作技能。

1. 了解铁路机车电工(电力)职业技能等级考试。
2. 掌握用电安全的基本原理与设施。
3. 掌握本专业各种安全用电操作的方法。

任务一　认识机车电工职业技能等级考试

从事铁路机车电工工作的人员需要通过特殊工种的职业技能等级认定并取得相应等级的职业资格证书。根据工作内容的不同,铁路机车电工在技能认定考核时按铁路机车电工(电力)或铁路机车电工(内燃)分别进行,考核合格后颁发统一的铁路机车电工职业技能等级证书。本任务要求在了解铁路机车电工(电力)初级工工作内容和要求的基础上,掌握铁路机车电工职业技能的等级设置和取证条件。

1. 了解铁路机车电工(电力)初级工的工作内容和要求。
2. 掌握铁路机车电工职业资格技能认定的等级设置和取证条件。
3. 了解电力机车基本结构。

一、铁路机车电工职业工种

1. 职业定义

铁路机车电工是使用工、夹、量具、仪器仪表及检修设备对机车电气装置进行维护、检修和调试的人员。

铁路机车电工是针对铁路电力机车、内燃机车及各种轨道车辆的运用、检修岗位的职业工种。从事相关工作需要取得相应等级的职业资格证书。机车电工初级工证书如图 1-1 所示。

2. 铁路机车电工职业技能认定等级

本职业工种共设五个等级,分别为:初级(国家职业资格五级)、中级(国家职业资格四级)、高级(国家职业资格三级)、技师(国家职业资格二级)、高级技师(国家职业资格一级)。

3. 铁路机车电工(电力)初级工申报条件

初级工的申报条件为:

(1)高中毕业(或同等学历)。

(2)经本职业正规专业培训,并取得结业证书(或学徒期满)。

4. 铁路机车电工(电力)初级工的职业技能标准

表 1-1 为《国家职业标准》中对铁路机车电工(电力)初级工的职业技能要求。

图 1-1　机车电工的职业技能等级证书

表 1-1　铁路机车电工(电力)初级工职业技能标准

职业功能	工作内容	技能要求	相关知识
1. 机车电器维护	(1)电器部件运用状态检查	①能清扫、检查受电弓各部件 ②能对受电弓轴承、活动关节进行给油 ③能检查主断路器的灭弧室、空气断路器的隔离开关及主断路器的控制机构和真空断路器外观及风管路气密性 ④能检查车顶各连接软线、导电杆、高压连接器 ⑤能检查、清洁维护车顶瓷瓶 ⑥能清扫、检查位置转换开关 ⑦能清扫、检查主、辅司机控制器 ⑧能清扫、检查高压柜、整流柜、制动电阻柜、低压柜、电源柜、电子柜、微机柜 ⑨能清扫、检查速度传感器、蓄电池箱 ⑩能测量蓄电池单节电压和蓄电池组输出电压	①各型机车检修作业范围和技术 ②各型机车主断路器、受电弓、位置转换开关、司机控制器的结构和工作原理 ③各型机车高压柜、整流柜、制动电阻柜、低压柜、电源柜、电子柜、微机柜的结构原理及电气设备布置 ④各型机车电控接触器、电磁接触器、时间继电器、中间继电器、通用继电器的结构和工作原理 ⑤各型传感器、互感器的结构和工作原理 ⑥机车车顶作业安全规范
	(2)小型电器部件的更换	①能更换扳键开关、转换开关、单极自动开关、熔断器 ②能更换主断路器分、合闸线圈 ③能更换电空阀	①更换扳键开关、转换开关、单极自动开关、熔断器的方法和技术要求 ②主断路器分、合闸线圈的技术参数、更换的方法及要求
2. 机车电器检修	(1)电气屏柜清洁	①能吹扫机车高压柜、整流柜、制动电阻柜、低压柜、电源柜、电子柜、微机柜 ②能清洁机车高压柜、整流柜、制动电阻柜、低压柜、电源柜、电子柜、微机柜	①风源的工艺要求及吹扫各屏柜的方法和操作要点 ②电气屏柜清洁的材料、设备与工具 ③电气屏柜内设备及电线路清洁的方法及技术要求
	(2)电气接线检查、紧固	①能检查、紧固各屏柜对外连接的铜排及瓷件、连接导线、插头及插座 ②能检查、紧固电气屏柜内电器线路 ③能检查、紧固各接线端子	①电器线路检查、紧固的方法及技术要求 ②各型机车控制电路触头接线图 ③机车接线端子布线图

续上表

职业功能	工作内容	技能要求	相关知识
2. 机车电器检修	(3)受电弓、主断路器参数测量	①能测量受电弓的最大升弓高度，升、降特性，静态接触压力 ②能测量空气断路器隔离开关动静触头的厚度和闭合位时两动触指的间隙 ③能测量分、合闸线圈的电阻值 ④能测量非线性电阻值及相关电路对地绝缘电阻值 ⑤能测量主断路器最低动作电压、最低动作风压	①受电弓、主断路器的检修范围 ②受电弓、主断路器工艺 ③测量工具及仪器的使用方法和维护
	(4)继电器测试	①能测量继电器线圈电阻值、触点的接触电阻值 ②能测量触头压力 ③能测试继电器动作性能 ④能测试时间继电器延时时间 ⑤能测试继电器线圈对铁芯绝缘电阻值	①继电器的检修范围 ②继电器的检修工艺
3. 机车电器故障判断与处理	(1)熔断器故障处理	①能判断故障熔断器 ②能更换熔断器	①熔断器的结构及原理 ②故障熔断器的判断方法 ③熔断器更换的技术要求
	(2)照明电路的故障判断与处理	①能判断处理前照灯、副灯、标志灯、车内照明灯故障 ②能判断处理显示屏“零位”灯故障 ③能判断处理仪表灯故障	①机车照明电路原理图 ②照明电路常见故障现象、原因及处理办法
4. 机车电机维护	(1)牵引电机、辅助电机维护	①能检查电机外部、引出连线、接线盒 ②能检查更换碳刷 ③能清扫、检查内部可见部分 ④能对轴承补充润滑脂 ⑤能测量各绕组绝缘电阻值	①牵引电机、辅助电机的基本组成及原理 ②牵引电机、辅助电机的小、辅修检修范围 ③机车油脂表及碳刷的规格 ④电机绝缘的测量方法及安全注意事项
	(2)主变压器、互感器维护	①能检查主变压器高、低压瓷瓶 ②能检查主变压器、互感器接线 ③能检查变压器油位 ④能检查、更换吸湿剂	①主变压器、互感器的基本组成及原理 ②主变压器、互感器的小、辅修检修范围
5. 机车电机检修	(1)牵引电机检修	①能清洗小齿轮 ②能清洗电机端盖及轴承 ③能清扫、检查定子绕组、电枢绕组 ④能清扫、检查刷架圈	①牵引电机的段修规程 ②牵引电机检修工艺 ③电机轴承的结构及型号 ④小齿轮的构造原理
	(2)辅助电机检修	①能解体、组装司机室风扇 ②能解体、组装辅助压缩机电机 ③能清洗电机轴承	①风扇电机、辅助压缩机电机的结构及原理 ②辅助电机的检修工艺
6. 机车电机故障判断与处理	(1)牵引电机故障判断	①能判断牵引电机接线过热、烧损故障 ②能判断牵引电机环火故障	①判断接线过热烧损的现象 ②判断电机环火的故障现象
	(2)辅助电机故障判断	①能判断辅助电机接线过热、烧损故障 ②能判断处理辅助电机固定螺栓松动故障	①判断接线过热烧损的现象 ②判断电机振动的故障现象

二、HXD3C 型电力机车结构

1. 机车车体

HXD3C 型电力机车的两端各设有一个司机室，中间是机械间，如图 1-2 所示。车顶两端各设有受电弓和避雷器，头灯，高、低音风笛，两端面设有各种风管、电缆连接插座，车体两侧设有主、辅电路和蓄电池充电插座，各轴端设有接地装置和速度传感器。

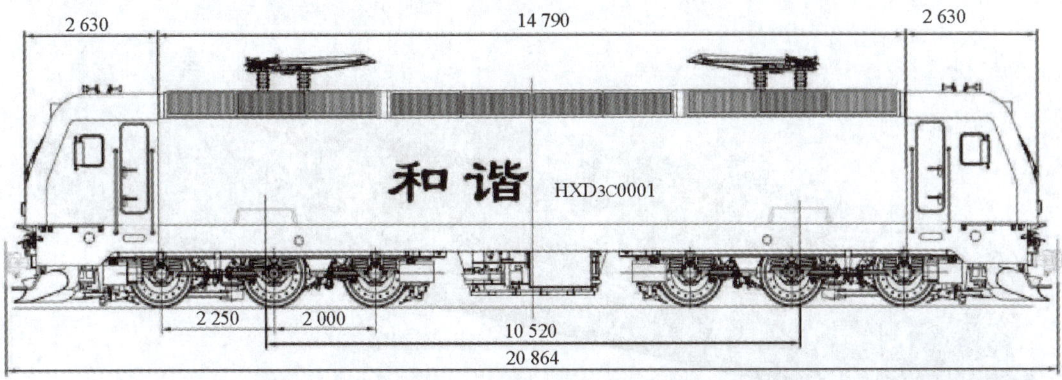

图 1-2　HXD3C 型电力机车（单位：mm）

2. 司机室布置

司机室内设有操纵台、车载信号机、座椅、紧急放风阀、灭火器等。操纵台前部设有空调、风扇、头灯、照明灯、电热玻璃、刮雨器、电动遮阳帘、后视镜。下部设有脚踏开关、暖风机、脚炉、膝炉。司机操纵台设备如图 1-3 所示。

图 1-3　司机操纵台

1—制动屏；2—风表；3—按钮；4—大小闸；5—仪表；6—运行监控器；7—扳键开关；8—司机控制器；9—微机屏；10—无线调度

3. 机械间设备

机械间的中部设有中央通道。从Ⅰ端司机室进入机械间后，左侧依次为微机柜、电源柜、牵引通风机 1、供电柜 1、复合冷却器 2、变流柜 2、总风缸、空气压缩机、卫生间；通道对面设备依次为制动柜、通信柜、牵引通风机 2、供电柜 2、复合冷却器 1、变流柜 1、高压柜、空气压缩机 1、控制柜，如图 1-4 所示。

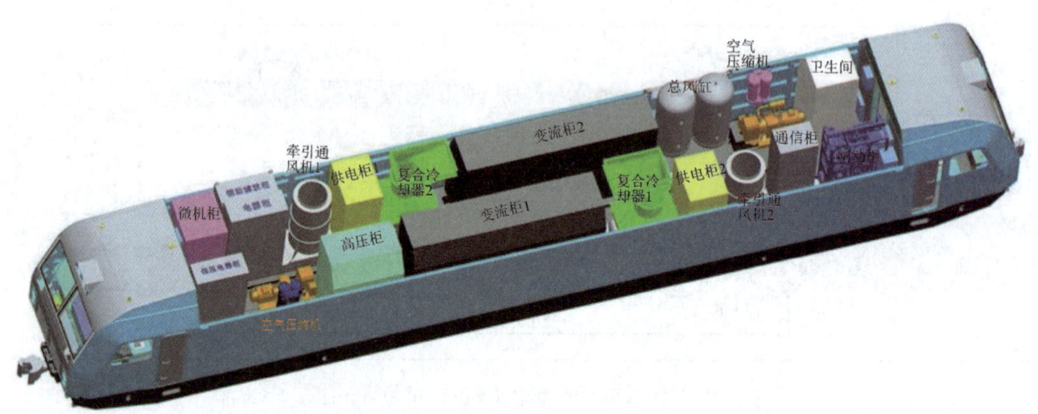

图 1-4　机械间电气设备布置

一、学习铁路机车电工职业技能认定等级

按照任务书要求完成相应内容，见表 1-2。

表 1-2　学习任务书 1—认识机车电工职业技能认定等级

班级		姓名		组别		日期	
请根据任务信息完成以下题目 (1)铁路机车电工是使用工、夹、量具、仪器仪表及检修设备对________装置进行维护、检修和调试的人员。 (2)铁路机车电工属于行业特有工种，需要取得________证书才能上岗。 (3)铁路机车电工按照国家职业资格标准设有_____个等级。中专阶段可以考取的初级工证书是国家职业资格_____级。 (4)取得职业技术资格证书需要通过相应等级的________考核。 (5)职业技能认定是按照国家规定的职业标准，通过政府授权的考核认定机构，对劳动者的________和________进行客观公正、科学规范地评价与认证的活动。 (6)职业技能认定考试包括________考试和________考核两部分。均实行百分制，成绩皆达 60 分及以上者为合格。 (7)根据国家职业标准，铁路机车电工初级工的工作内容是对机车_____和_____进行检修。							

二、认识铁路机车电工岗位电气设备

按照任务书要求完成相应内容，见表 1-3～表 1-5。

表 1-3　学习任务书 2—机车外部电气设备识别

班级		姓名		组别		日期	

题图 1-1

序号	名称	作用	说明
1			
2			
3			
4			
5			
6			
7			
8			
9			

表 1-4　学习任务书 3—司机室设备识别

班级		姓名		组别		日期	

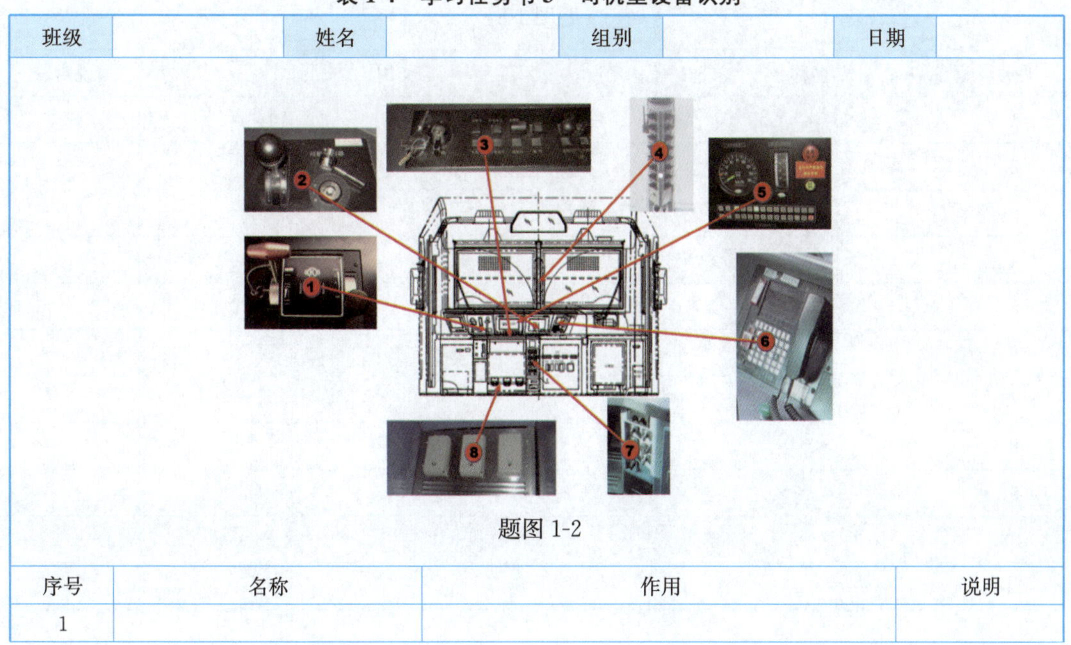

题图 1-2

序号	名称	作用	说明
1			

续上表

序号	名称	作用	说明
2			
3			
4			
5			
6			
7			
8			

表 1-5　学习任务书 4—机械间设备识别

班级		姓名		组别		日期	

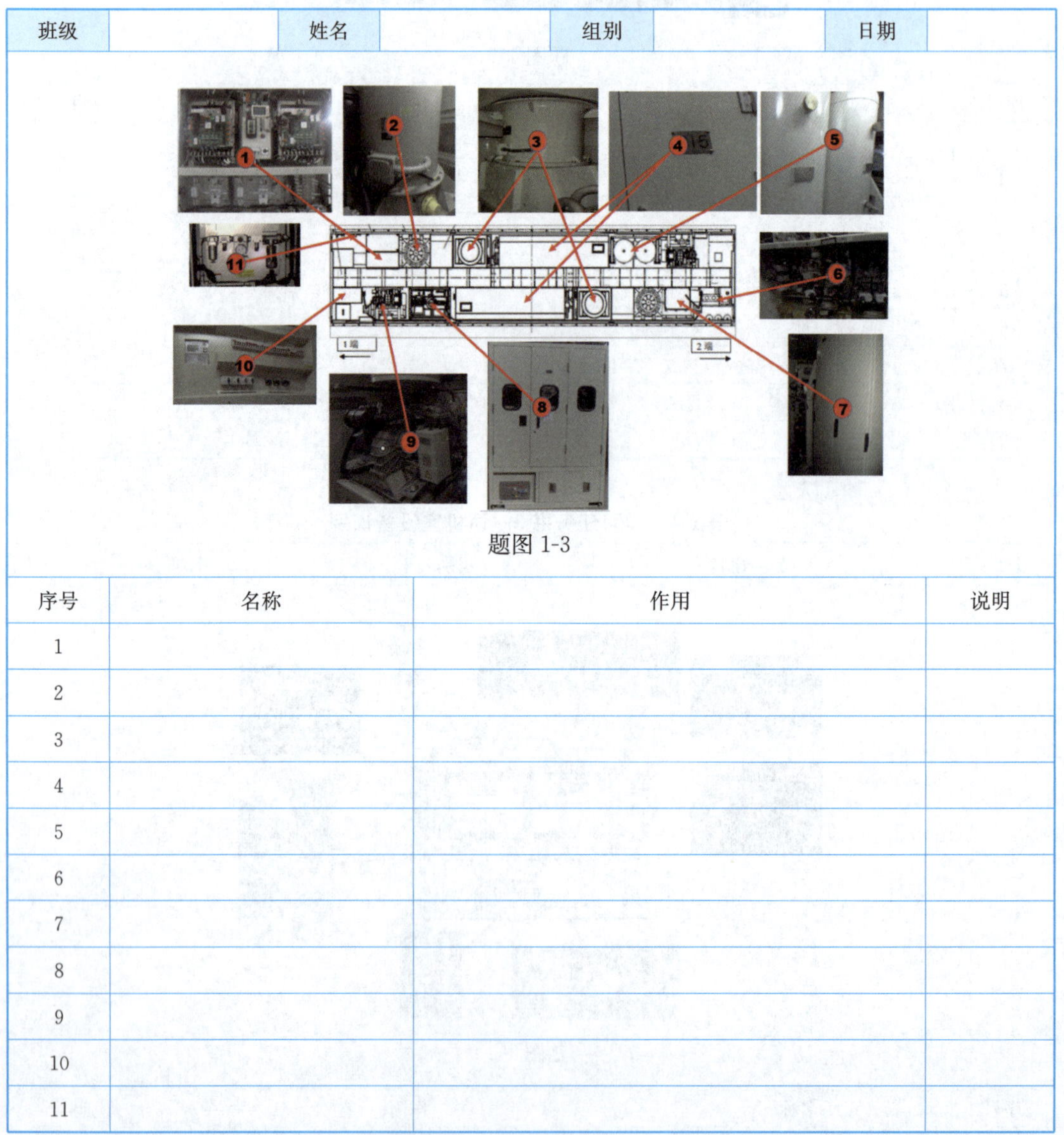

题图 1-3

序号	名称	作用	说明
1			
2			
3			
4			
5			
6			
7			
8			
9			
10			
11			

根据任务完成情况，填写表 1-6。

表 1-6　任务评价表—铁路机车电工(电力)职业等级认定

项目		评价内容			满分	得分
师评	知识能力	掌握铁路机车电工(电力)岗位的工作内容			10	
		掌握铁路机车电工(电力)等级证书的取得方法			10	
		掌握铁路机车电工(电力)初级工的工作内容			10	
	素质	出勤情况	出勤	缺课(　　)	5	
		任务书完成情况			10	
		任务展示态度积极，口齿清楚，仪态得体			10	
	作业				10	
自评	自我反思(自填)				—	—
					—	—
	完成情况	完整(5 分)	自主(5 分)		10	
	展示汇报	是	否		5	
互评	完成情况	能积极参与讨论，完成任务书			10	
	展示汇报	能够组内积极进行任务展示			10	
总　分					100	

巩固练习

一、填空题

1. 铁路机车电工职业技能等级证书是由________颁发的。
2. 铁路机车电工职业岗位共分为________级，最高级为________级。
3. 铁路机车电工(电力)初级工的工作内容是对机车________和________的检修。
4. 铁路机车电工(电力)初级工为国家职业资格________级。
5. 铁路机车电工(电力)的最低学历要求是________。
6. 申报铁路机车电工(电力)职业资格技能认定考试，需要经过________。
7. 铁路机车电工(电力)初级工是对处于静态下的________进行检修。

二、简答题

1. 要求铁路机车电工(电力)初级工能够更换部件的小型电器有哪些？

2. 牵引电机的日常维护包括哪些内容？

任务二　安全用电

铁路机车上有多种电压等级的电气设备，都设置有一定的安全设施，对工作人员来说，掌握必要的安全用电知识和操作技能是保障人身和设备安全的必要条件。

人体直接触及带电体引发的触电称为直接接触触电。现场作业，作业环境中存在有带电线路或带电设备时，为防止直接接触触电事故的发生，保证作业人员安全，必须采取可靠的技术措施。除防止直接接触触电外，在日常工作中还有一些防止间接接触触电的技术措施。

现场作业环境中设备漏电时，易导致间接接触触电事故，为防止该类事故的发生，保证设备和人身安全，需采取有效的技术措施。

1. 掌握预防人身直接接触触电的技术措施。
2. 理解并掌握保护接地和保护接零的原理、接线及适用对象。
3. 能结合现场实际采取有效的防止直接接触触电措施。
4. 能正确执行安全操作规程，采取有效的防触电措施。

一、防止直接接触触电的技术措施

人体直接触及带电体引发的触电称为直接接触触电。现场作业，作业环境中存在有带电线路或带电设备时，为防止直接接触触电事故的发生，保证作业人员安全，必须采取可靠的技术措施。

1. 绝缘

绝缘就是物体不导电的特性。绝缘就是用绝缘物质和材料把带电体包裹或封闭起来，以隔离带电体或不同电位的导体。图 1-5 所示为配电箱中的绝缘体。

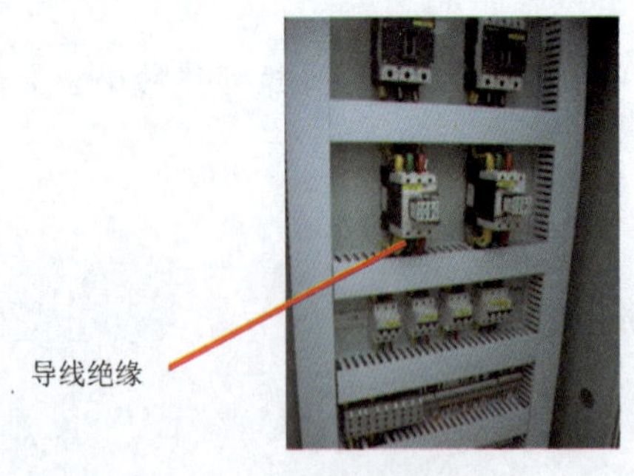

图 1-5　绝缘实物图

2. 屏护

屏护就是使用屏障、遮栏、围栏、护罩、箱盖等屏护装置将带电体与外界隔离，以控制不安全因素。图 1-6 所示为各种屏护设施。

屏护装置必须满足以下安全条件：

(1)屏护装置应有的尺寸。网状遮栏网眼不得大于 20 mm×20 mm，以防止工作人员在检查时将手或工具伸入遮栏内，遮栏高度一般不应低于 1.7 m，下部边缘距离地面不应超过 0.1 m。户内栅栏高度不应低于 1.2 m，户外不应低于 1.5 m。户外配电装置围墙高度不应低于 2.5 m。

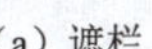
(a) 遮栏

(b) 箱盖

(c) 围栏

图 1-6　屏护实物图

(2)屏护装置的强度。屏护装置都必须具有足够的机械强度和良好的耐火性能。

(3)金属材料制作的屏护装置，安装时必须接地或接零。

(4)信号和联锁装置。屏护装置一般不易随便打开、拆卸或挪移，有时还应装有联锁装置，只有断开电源才能打开。

(5)保证足够的安全距离和标志。

①屏护装置与被屏护的带电体之间保持必要的距离。露天或半露天安装的 10 kV 及以下变压器的四周应设固定围栏，变压器外廓与围栏或建筑物外墙的净距离不得小于 0.8 m，变压器底部至地面距离不应小于 0.3 m，相邻变压器外廓之间的净距离不应小于 1.5 m。当室内配电装置的电气设备套管和最低绝缘部位距地面不足 2.3 m、室外不足 2.5 m 时，应在配电装置四周装设固定围栏。

②被屏护的带电部分有明显标志，标明规定的符号或涂上规定的颜色。根据屏护对象，在栅栏、遮栏等屏护装置上悬挂“止步，高压危险！”“禁止攀登，高压危险！”“当心触电”等标示牌。

3. 接地

用金属把电气设备的某一部分与地做良好的连接，称为接地。接地也是一种防止触电的技术手段。

(1)接地装置

接地体(接地极)与接地线总称为接地装置，其作用是把引下线引下的雷电流迅速疏散到大地土壤中去或限制接地设备的电位为零电位。

埋入地中并直接与大地接触的金属导体称为接地体。接地体分为自然接地体和人工接地体。

①自然接地体:兼作接地用的直接与大地接触的各种金属构件、钢筋混凝土建筑物的基础、金属管道和设备等。

②人工接地体:直接打入地下专做接地用的经加工的各种型钢或钢管等。按其敷设方式可分为垂直接地体和水平接地体。埋入土壤中的人工垂直接地体宜采用角钢、钢管或圆钢;埋入土壤中的人工水平接地体宜采用扁钢或圆钢。

接地线是从引下线断接卡或换线处至接地体的连接导体,是接地体与接地体之间的连接导体。接地线应与水平接地体的截面相同。接地线又分接地干线和接地支线两种,如图 1-7所示。

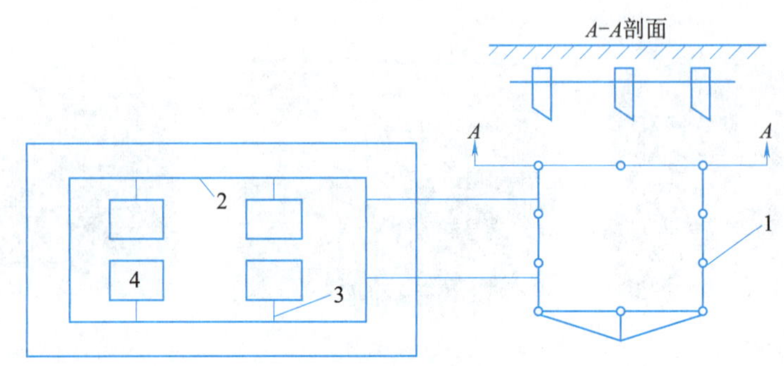

图 1-7　接地装置示意图

1—接地体;2—接地干线;3—接地支线;4—电气设备

(2)接地电阻

接地电阻是用来衡量接地状态是否良好的一个重要参数,是电流由接地装置流入大地,再经大地流向另一接地体或向远处扩散所遇到的电阻。接地电阻由三部分组成。

①接地体本身以及接地线的电阻。

②接地体与周围土壤的接触电阻。

③接地体周围大地的电阻。

(3)接地分类

①工作接地。在正常或事故状态下,为了保证电气设备可靠运行,将电力系统中某点(如变压器中性点)与大地做金属连接,这种接地称为工作接地,如图 1-8所示。工作接地主要有三种作用。

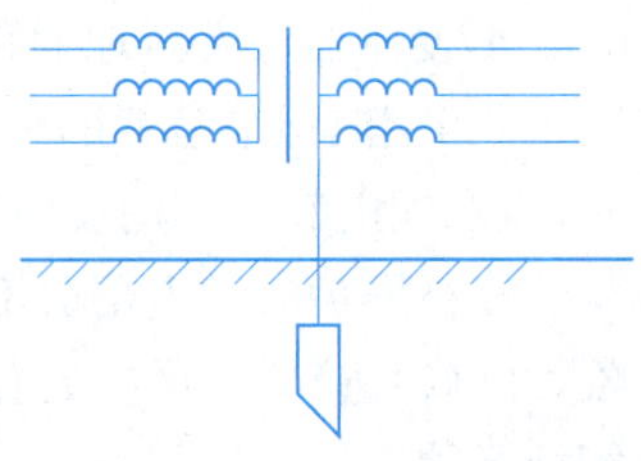

图 1-8　工作接地示意图

a. 降低触电电压。在中性点接地的系统中,触电电压就降低到等于或接近相电压。

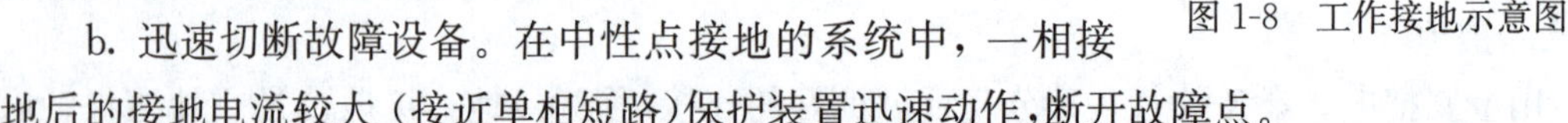

b. 迅速切断故障设备。在中性点接地的系统中,一相接地后的接地电流较大(接近单相短路)保护装置迅速动作,断开故障点。

c. 降低电气设备对地的绝缘水平。在中性点接地的系统中,则接近于相电压,故可降低电气设备和输电线的绝缘水平,节省投资。

②保护接地。为了防止电气设备由于绝缘损坏而造成触电事故,将电气设备的金属外壳通过接地线与接地装置连接起来,这种为保护人身安全的接地方式称为保护接地。其连接线称为保护线,如图 1-9 所示。

③保护接零。把电气设备在正常情况下不带电的金属部分与电网的零线(或)中性线紧密地连接起来称为保护接零。宜用于中性点接地的低压系统中,如图 1-10 所示。

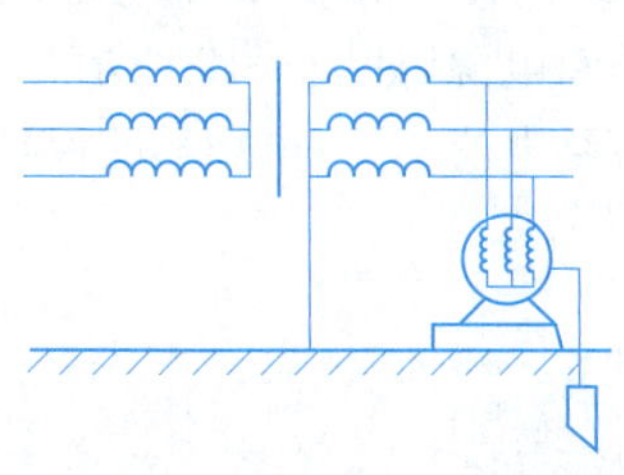

图 1-9　保护接地示意图

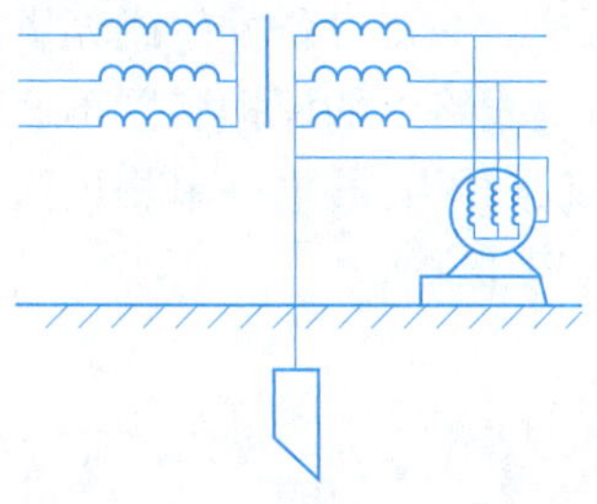

图 1-10　保护接零示意图

④重复接地。中性线或接零保护线的一点或数点与地再作金属连接称为重复接地。另外,还有防雷接地、防静电接地、屏蔽接地等。

现场作业环境中设备漏电时,易导致间接接触触电事故,为防止该类事故的发生,保证设备和人身安全,需采取有效的技术措施。

二、防止间接接触触电的技术措施

1. 保护接地

配电系统的保护接地有 IT 和 TT 两种,第一个字母表示电力系统的对地关系,其中 I 表示所有带电部分不接地或通过阻抗及等值线路接地,T 表示系统中一点直接接地(通常指中性点直接接地);第二个字母表示独立于电力系统的可接地点直接接地。

(1)IT 系统。设备有了保护接地以后,接地短路电流将同时沿接地体和人体两条通路通过,即漏电设备对地电压主要决定于保护接地电阻 R_E 的大小。由于 R_E 和 R_P 并联,只要适当控制 R_E 的大小,即可限制漏电设备对地电压在安全范围内,如图 1-11 所示。

(2)TT 系统。在 TT 系统中,一旦发生设备碰壳短路(漏电),则接地短路电流将同时沿着设备接地体、人体与系统的接地体形成通路,保护接地电阻和人体电阻并联,如图 1-12 所示。

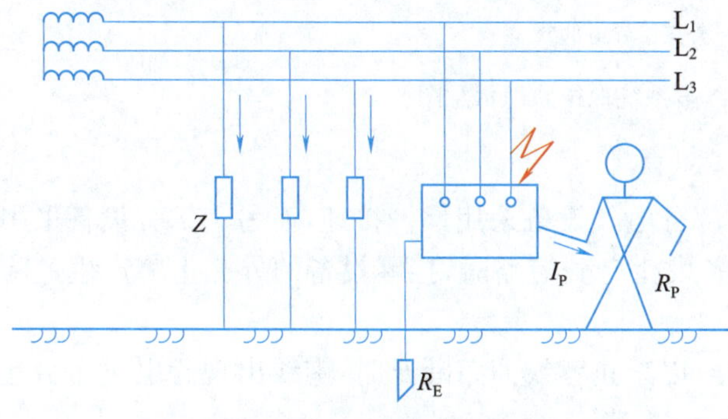

图 1-11　IT 系统保护原理示意图

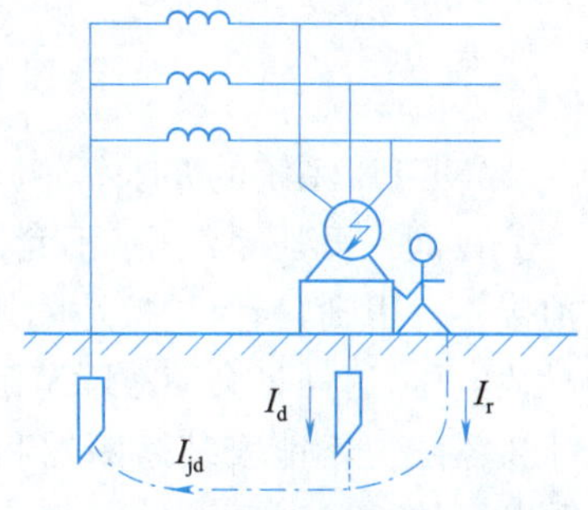

图 1-12　TT 系统保护原理示意图

保护接地在中性点接地的系统中使用不能完全保证安全,必须限制接触电压值,此时一般可采用漏电保护器或过电流保护器作附加保护。

保护接地仅适合于中性点不接地的系统。

2. 保护接零

采用保护接零的低压配电系统称为TN系统。

(1)保护原理。一旦设备发生碰壳事故,借零线形成单相短路,漏电电流将上升为很大的短路电流,迫使线路上的保护装置迅速动作而切断电源,如图1-13所示。

保护的实现路径为:漏电→单相短路→单相短路电流 I_{SS}→单相短路保护元件动作→迅速切断电源→实现保护。

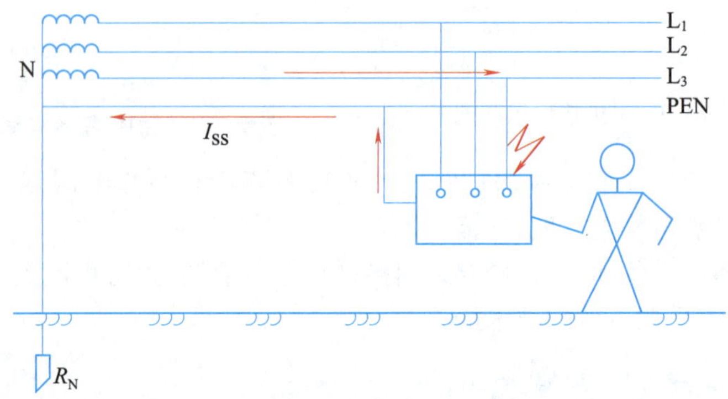

图1-13 TN系统保护原理示意图

(2)保护接零的形式。TN系统分为TN-S、TN-C-S、TN-C三种方式,分别如图1-14,图1-15和图1-16所示。

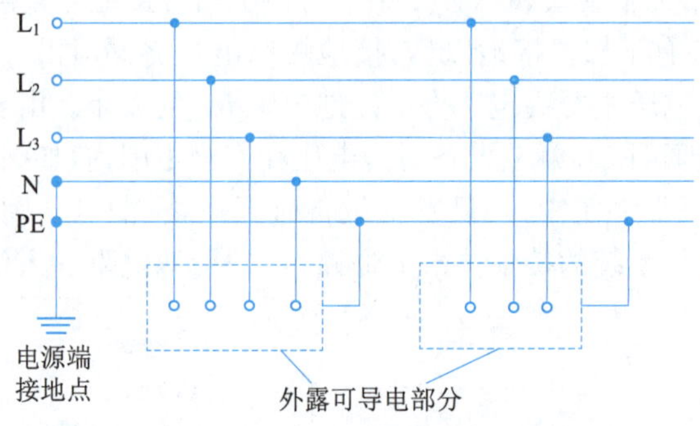

图1-14 TN-S系统保护原理示意图

(3)对TN系统的要求。

①在同一低压系统中,不允许将一部分电气设备采用保护接地,而另一部分设备采用保护接零。否则,当保护接地的用电设备发生碰壳短路时,接零设备的外壳上将产生危险的对地电压,这样将会使故障范围扩大。

②零线上不能安装熔断器和断路器,以防止零线回路断开时,零线出现相电压而引起的触电事故。

③在接三孔插座时,不允许将插座上接电源中性线的孔与保护线的孔串联。

④在TN系统中,除系统中性点必须良好接地外,还必须将零线重复接地。所谓重复接地是指中性线或接零保护线的一点或数点与地再作金属连接。

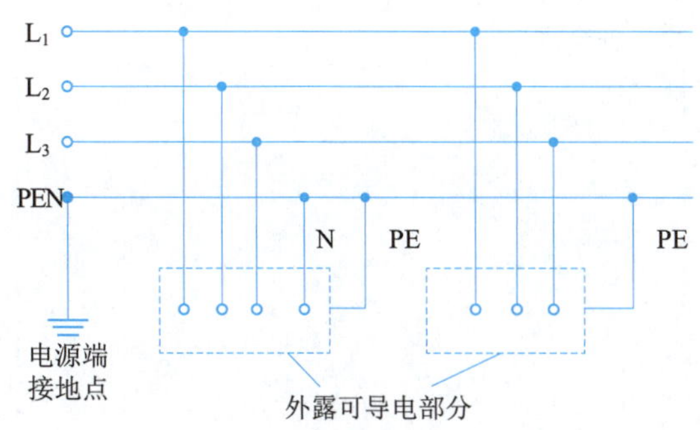

图 1-15 TN-C 系统保护原理示意图

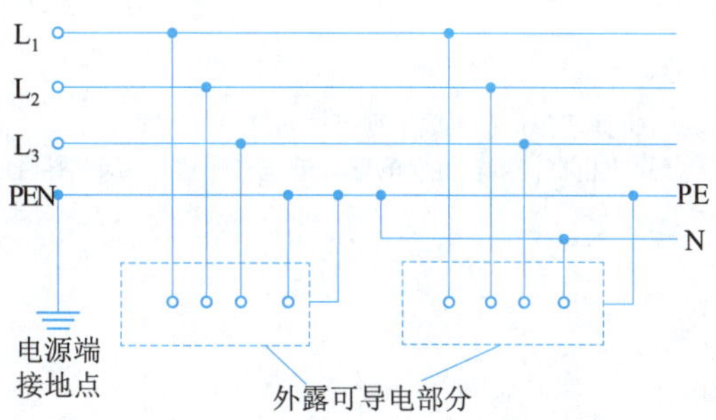

图 1-16 TN-C-S 系统保护原理示意图

三、安全电压

不危及人身安全的电压称为安全电压。我国规定交流电安全电压系列的上限值为 50 V。这一限值是根据人体允许电流 30 mA 和人体电阻 1 700 Ω 的条件确定的。

1. 安全电压等级

国家标准规定:安全电压额定值分为 42 V、36 V、24 V、12 V、6 V 五个等级。

目前,我国采用的安全电压以 36 V 和 12 V 两个等级居多。

2. 安全电压电源和回路配置

(1)安全电压电源。安全电压是为防止触电事故而采用的特定电源供电的电压系列。特定电源包括安全隔离变压器和独立电源。

安全电压回路的带电部分必须与较高电压的回路保持电气隔离,并不得与大地、保护接零(地)线或其他电气回路连接。其保护原理是在隔离变压器二次侧构成一个不接地的电网,因而阻断了在二次侧工作人员单相触电时电击电流的通路。

独立电源,指与安全隔离变压器的安全性能相当的发电机、蓄电池等。

通常采用安全隔离变压器作为安全电压电源。

(2)回路配置。所谓电气隔离指工作回路与其他回路实现电气上的隔离。电气隔离是采用 1∶1,即一、二次侧电压相等的隔离变压器来实现的,如图 1-17 所示。

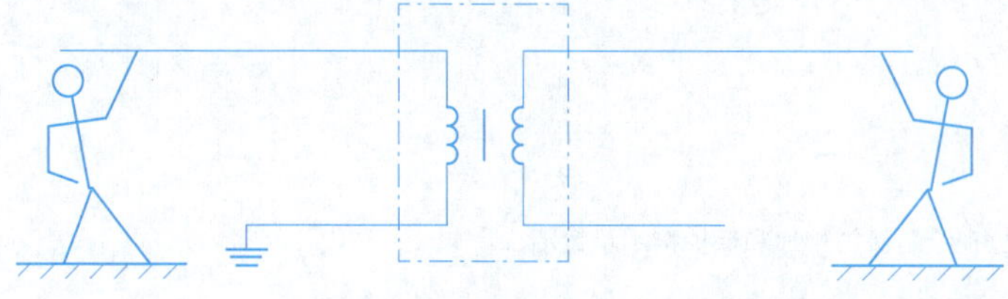

图 1-17 变压器一、二次回路有电气连接的示意图

(3)插销座。安全电压设备的插座不得采用带有接零或接地插头或插孔。为了保证不与其他电压的插销座有插错的可能,安全电压应采用不同结构的插销座,或者在其插销座上有明显的标志。

按照任务书要求完成相应内容,见表 1-7。

表 1-7　学习任务书—安全用电

<table>
<tr><td>班级</td><td></td><td>姓名</td><td></td><td>组别</td><td></td><td>日期</td><td></td></tr>
<tr><td colspan="8">1. 根据任务信息完成下列引导问题
(1)防止直接接触触电的基本措施有哪些？简单举例。

(2)请列出保护接地和保护接零的区别。

2. 任务实施
(1)参观实训室，小组合作，指出至少 3 处采用的防触电措施的装置。

(2)绘制接线图。分别绘制保护接地和保护接零示意图。</td></tr>
</table>

续上表

(3)说一说保护接零的工作原理。

3.获取信息

(1)所谓屏护,就是使用屏障、____________、____________、护罩、箱盖等屏护装置将带电体与外界隔离,以控制不安全因素。

(2)写出下图中各种屏护名称。

(a)

(b)

(c)

题图 1-4

根据任务完成情况，填写表 1-8。

表 1-8　任务评价表—安全用电

项目		评价内容			满分	得分
师评	知识能力	掌握预防人身直接触电的技术措施			15	
		掌握保护接地的原理、接线及适用对象			10	
		掌握保护接零的原理、接线及适用对象			5	
	素质	出勤情况	出勤	缺课（　　）	5	
		任务书完成情况			10	
		任务展示态度积极，口齿清楚，仪态得体			10	
	作业				10	
自评	自我反思（自填）				—	—
					—	—
	完成情况	完整（5 分）	自主（5 分）		10	
	展示汇报	是	否		5	
互评	完成情况	能积极参与讨论，完成任务书			10	
	展示汇报	能够组内积极进行任务展示			10	
总　　分					100	

一、选择题

1. 用手触摸变压器的外壳时，如有麻电感，可能是变压器（　　）。

A. 内部发生故障　　B. 过负荷引起

C. 外壳接地不良　　D. 内部发生短路

2. 电动机外壳接地的目的主要是防止（　　）。

A. 断电　　B. 感应电　　C. 通电　　D. 充电

3. 电气设备绝缘击穿的原因不包括（　　）。

A. 受潮或非绝缘物侵入

B. 短时间大电流使绝缘性能降低

C. 绝缘材料本身质量不高

D. 绝缘设备选择不合适，层数太多

4. 人体只触及一根火线（相线），这是（　　）。

A. 双线触电　　B. 单线触电

C. 不是触电　　D. 跨步触电

5. 触电伤害的程度与触电电流的路径有关，对人最危险的触电电流路径是（　　）。

A. 流过手指　　B. 流过下肢

C. 流过心脏　　D. 流过脚心

6. 高压设备发生接地时，为了防止跨步电压触电，不得接近接地点(　　)以内。

A. 3 m　　B. 5 m　　C. 8 m　　D. 10 m

7. 导线绝缘老化的主要原因是(　　)。

A. 电压过高　　B. 环境湿度大

C. 温度过高　　D. 风吹日晒

8. 接地体的连接应采用(　　)。

A. 搭接焊　　B. 螺栓连接

C. 对焊接　　D. 螺栓连接或对焊接

9. 停电作业时，应在线路开关和闸刀操作手柄上悬挂(　　)的标志。

A. 止步、高压危险　　B. 禁止合闸，线路有人工作

C. 在此工作　　D. 有电禁止接近

10. 发生电气火灾时，应使用(　　)进行灭火。

A. 水　　B. 泡沫灭火器

C. 四氯化碳灭火器　　D. 酸或碱性灭火器

11. 各接地设备的接地线与接地干线相连时，应采用(　　)。

A. 串联方式　　B. 并联方式

C. 混接方式　　D. 串并联均可

12. 当有人触电时，应首先(　　)。

A. 切断电源　　B. 拉出触电者

C. 对触电者人工呼吸　　D. 送医院

13. 从防止触电的角度来说，绝缘、屏护和间距是防止(　　)的安全措施。

A. 电磁场伤害　　B. 间接接触电击

C. 静电电击　　D. 直接接触电击

14. 引发火灾的点火源，其实质是(　　)。

A. 助燃　　B. 提供初始能量

C. 加剧反应　　D. 延长燃烧时间

15. 当有电流在接地点流入地下时，电流在接地点周围土壤中产生电压降。人在接地点周围，两脚之间出现的电压称为(　　)。

A. 跨步电压　　B. 跨步电势

C. 临界电压　　D. 故障电压

二、判断题

1. 接地是指与大地相接。(　　)

2. 进行电气作业时，必须断开电源。(　　)

3. 发生电气火灾时，应立即使用水将火扑灭。(　　)

4. 测电笔可以测量电压在 250 V 以上的电路。(　　)

5. 凡是不能导电的物体，我们就称它为绝缘体。(　　)

6. 发生触电事故时，可立即将触电者用手拉开。(　　)

7. TN-C 系统是干线部分保护线与中性线完全共用的系统。(　　)

8. TN-S 系统是保护线与中性线完全分开的系统。(　　)

9. TN-S 系统中,三相四孔插座的保护接线孔应连接专用的 PE 线。( )

10. TN 系统中,N 线或 PEN 线断线可能造成负载的三相电压不平衡。( )

11. TT 系统表示低压侧电源端有一点直接接地。( )

12. TT 系统能将设备外壳意外带电时的对地电压限制在安全范围以内。( )

13. TN-C-S 系统是保护线与中性线完全分开的系统。( )

三、简答题

试分析各种防止间接接触触电措施方法的优缺点。

项目二 简单电气控制电路装调

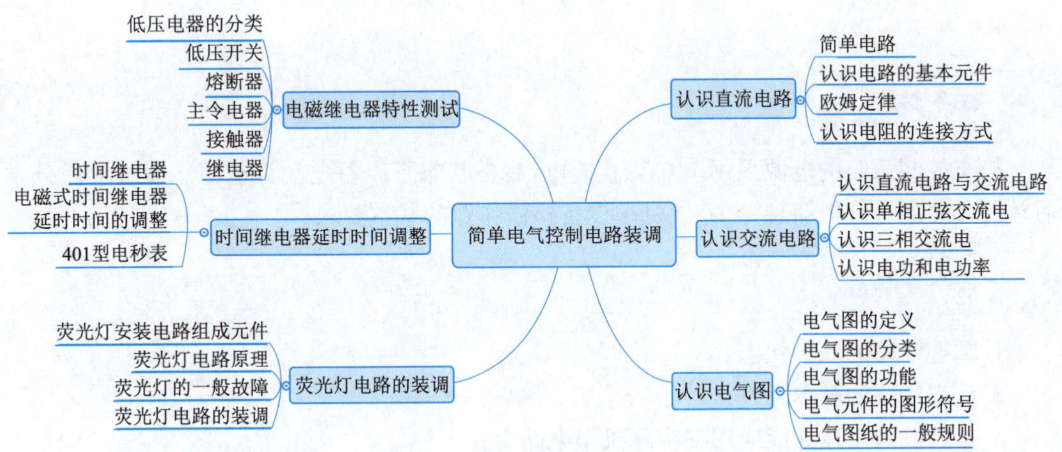

项目概述

机车的电气控制线路比较复杂，但其一般都由一些简单的电气线路组成，在工作中，只有掌握了基本的电气控制线路原理才可以在后续的学习中，掌握相应的分析电路及控制原理的技能，本项目主要就电工的基础理论和基本知识进行学习。

学习目标

1. 掌握电路的组成和元器件符号。
2. 掌握欧姆定律、基尔霍夫第一、第二定律在计算电路中的应用方法。
3. 掌握交流电路的基本计算方法。
4. 掌握电气图的基本结构和识读方法。
5. 理解并掌握电磁继电器继电特性的测试方法。
6. 掌握时间继电器的延时调整方法。
7. 掌握荧光灯电路的装调方法。

任务一　认识直流电路

任务描述

机车控制系统的电源采用 110 V 直流电，后备状态下以蓄电池为电源。通过本任务学习掌握必要的直流电路理论，完成机车设备检修作业的基本要求。

1. 掌握电路的三种状态。
2. 认识电路的基本元件。
3. 掌握欧姆定律并能应用在实际机车电路上。
4. 认识电阻串、并联回路。
5. 认识基尔霍夫定律并能进行简单计算。

一、简单电路

1. 荧光灯简单直流电路的组成

(1)电源：干电池。

(2)负载：灯。

(3)控制装置：开关。

(4)连接导线。图 2-1 所示为电路实物与电路图。表 2-1 为组成电路的基本元件。

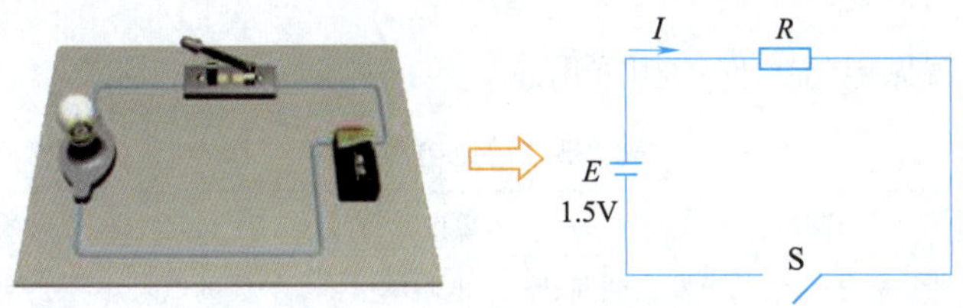

图 2-1　电路实物与电路图

表 2-1　组成电路的基本元件

元组件	电源	负载	控制装置	连接导线
举例	干电池	灯	开关	导线
电路符号				
作用	供应电能的设备	各种用电设备	控制电路的通断	通常把电源与负载及开关相连接的金属线称为导线。常用铜、铝等材料制成

2. 电路的三种状态

图 2-2 所示的照明电路是由两节干电池、一个小灯泡、一个开关和若干导线组成的最简单电路。表 2-2 为电路三种状态的说明。

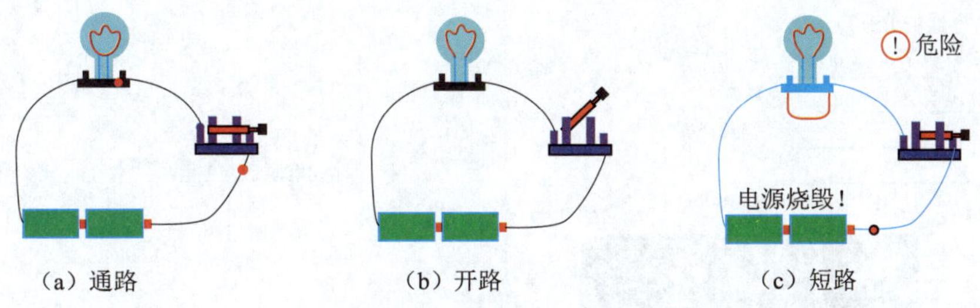

图 2-2　电路的三种状态说明

表 2-2　电路的三种状态说明

电路状态	状态描述
通路	闭合开关,电路接通,电路中就有了电流。接通的电路叫作通路,如图 2-2(a)所示
开路	如果电路中某处断开了,例如断开开关,电路中就没有电流。断开的电路叫开路,又称为断路,如图 2-2(b)所示
短路	如果直接把导线接在电源两端,电路中就会有很大的电流,可能把电源烧毁,这是不允许的,这种情况叫短路,如图 2-2(c)所示

二、认识电路的基本元件

表 2-3 列出了常见电气元件的相关信息。

表 2-3 常见电气元件

名称	作用	单位及符号	特性
电阻	物体导电时带电粒子会和原子发生碰撞、摩擦，这种碰撞、摩擦一方面阻碍了带电粒子的定向移动，另一方面将电能转变为热能使物体发热，这种发热所消耗的电能是不可逆转的。电阻是表示物体对电流阻碍作用的物理量 R	电阻单位：欧[姆]（Ω）；电气符号：R	导体的电阻与下列参数有关： （1）导体材料。每种材料有其本身类型电阻，称为电阻率 ρ （2）导体的截面积。导体的横截面积 S 成反比 （3）导体的长度。与导体的长度 L 成正比 $R=\rho\frac{L}{S}$
电感	储能元件，能够储存磁场能量 L 空心线圈图形符号　L 铁芯线圈图形符号 在实际电路中，经常用到由导线绕制而成的电感线圈，又称为电感器。如荧光灯电路中的镇流器，收音机电路中的天线线圈 4R7	电感单位：亨[利]（H）；电气符号：L	当电感线圈中有电流 i_L 通过时，电感器的内部及其周围都要产生磁场，并储存磁场能量，这是电感器的基本性能 一个实际的电感线圈（或电感器），除标明它的电感外，还应标明其额定工作电流。如果电流过大，会使线圈过热或使线圈受到过大的电磁力的作用而发生变形，甚至烧毁线圈 **“通直流、阻交流”**或**“通低频、阻高频”**的特性
电容	（1）电容器：两个被绝缘介质隔开而又互相靠近的导体，可称为电容器。两个导体就是电容器的两个极板，中间的绝缘物质称为电容器的介质 电极　极板　绝缘介质 （2）电容：把电容器所储存的电荷量与两极板间的电压的比值，称为电容器的电容量，简称电容，用字母 C 表示。它是一个储能元件	电容的单位：法[拉]（F）；电气符号：C	电容元件具有**“通交流、隔直流”**或**“通高频、阻低频”**的特性。因此在电子技术中，电容元件可起隔直、旁路和滤波等作用 固定电容　可变电容

三、欧姆定律

电路中电压 U、电流 I 和电阻 R 基本量之间的关系由物理学家欧姆给出数学公式

$$I=\frac{U}{R}$$

式中　I——电流,A;

U——电压,V;

R——电阻,Ω。

由公式可见:

(1)电阻不变时,电压越高电流越大。

(2)电压不变时,电阻越大电流越小。

四、认识电阻的连接方式

电阻的连接方式有串联、并联和混联三种,见表2-4。

表2-4　电阻的串联、并联、混联

<table>
<tr><th>名称</th><th>定义</th><th>电路规律</th></tr>
<tr><td>电阻串联电路</td><td>串联:将若干个电阻首尾依次连接,中间没有分支</td><td>
<table>
<tr><th></th><th></th><th>电压</th><th>电阻</th><th>电流</th></tr>
<tr><td rowspan="2">串联</td><td>内容</td><td>总电压等于各电阻上电压之和</td><td>总电阻等于各电阻阻值之和</td><td>通过每个电阻的电流相同</td></tr>
<tr><td>公式</td><td>$U=U_1+U_2+\cdots+U_n$</td><td>$R=R_1+R_2+\cdots+R_n$</td><td>$I_1=I_2=\cdots=I_n=I$</td></tr>
</table>
</td></tr>
<tr><td>电阻并联电路</td><td>并联:把两个或两个以上的电阻并列地连接起来
家用电器的并联</td><td>
<table>
<tr><th></th><th></th><th>电压</th><th>电阻</th><th>电流</th></tr>
<tr><td rowspan="2">并联</td><td>内容</td><td>并联电路中各支路两端的电压相等</td><td>总电阻的倒数等于各电阻的倒数之和</td><td>并联电路中的总电流等于各支路的电流之和</td></tr>
<tr><td>公式</td><td>$U=U_1=U_2=\cdots=U_n$</td><td>$\frac{1}{R}=\frac{1}{R_1}+\frac{1}{R_2}+\cdots+\frac{1}{R_n}$</td><td>$I=I_1+I_2+\cdots+I_n=I$</td></tr>
</table>
</td></tr>
<tr><td>电阻混联电路</td><td>在实际电路中,既有电阻的串联,又有电阻的并联,称为电阻的混联</td><td></td></tr>
</table>

【例 2-1】在图 2-3 所示的并联电路中，已知 $R_1=6\ \Omega$，$R_2=3\ \Omega$，$U=12\ \text{V}$，求等效电阻 R、总电流 I、各负载电阻上的电压和各负载电阻的电流。

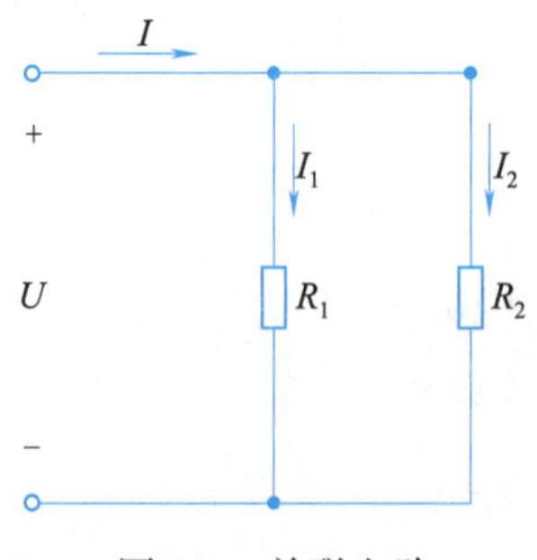

图 2-3　并联电路

解：(1)等效电阻：$R=\dfrac{R_1R_2}{R_1+R_2}=\dfrac{6\ \Omega\times 3\ \Omega}{6\ \Omega+3\ \Omega}=2\ \Omega$

(2)总电流：$I=\dfrac{U}{R}=\dfrac{12\ \text{V}}{2\ \Omega}=6\ \text{A}$

(3)各负载电阻上的电压：$U_1=U_2=U=12\ \text{V}$

(4)各负载电阻的电流：$I_1=\dfrac{U_1}{R_1}=\dfrac{12\ \text{V}}{6\ \Omega}=2\ \text{A}$　　$I_2=\dfrac{U_2}{R_2}=\dfrac{12\ \text{V}}{3\ \Omega}=4\ \text{A}$

五、认识基尔霍夫定律

1. 复杂电路的几个相关概念

图 2-4 所示为一个比较复杂的电路。下面以这个电路为例来介绍几个电路的基本概念。

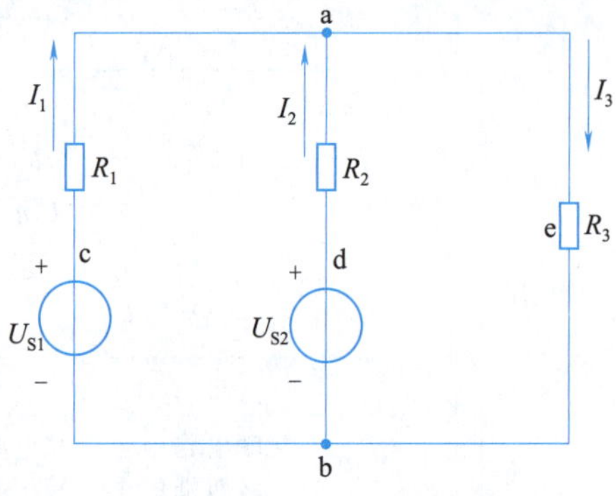

图 2-4　复杂电路

(1)节点：三个或三个以上元件的连接点，如图 2-4 中的 a 点和 b 点。

(2)支路：连接于两节点之间的一段电路，如图 2-4 中的 acb、adb、aeb 都是支路。根据是否含有电源，又分为含源支路和无源支路。

(3)回路：由支路构成闭合路径，如图 2-4 中的 acbda、adbea、acbea。

(4)网孔：内部不包含支路的回路，如图 2-4 中的 acbda 和 adbea，而 acbea 则不是网孔。

2. 基尔霍夫第一定律(KCL)

基尔霍夫第一定律又叫节点电流定律，简称 KCL 定律。它是指在任何时刻流入任一节

点的电流之和等于流出该节点的电流之和，即

$$\sum I_{入} = \sum I_{出}$$

若规定流进节点的电流为正，流出节点的电流为负，则在任一时刻，流过任一节点的电流代数和恒等于零，这就是基尔霍夫定律的另一种表述，即

$$\sum I = 0$$

特别提醒：节点电流定律不仅适用于节点，还可推广于任意假设的封闭面，它仍然成立。

3. 基尔霍夫第二定律（KVL）

基尔霍夫第二定律也叫回路电压定律，简称 KVL 定律，它确定了一个闭合回路中各部分电压间的关系。在任何时刻，沿着电路中的任一回路绕行方向，回路中各段电压的代数和恒等于零，即

$$\sum U = 0$$

特别提醒：运用基尔霍夫电压定律进行电路分析时，仅与电路的连接方式有关，与构成电路的元件性质无关。

【例 2-2】图 2-5 所示电路中，$E_1=140\ \text{V}$，$E_2=90\ \text{V}$，$R_1=20\ \Omega$，$R_2=5\ \Omega$，$R_3=6\ \Omega$。试求各支路电流 I_1、I_2、I_3。设网孔的绕行方向均为顺时针。

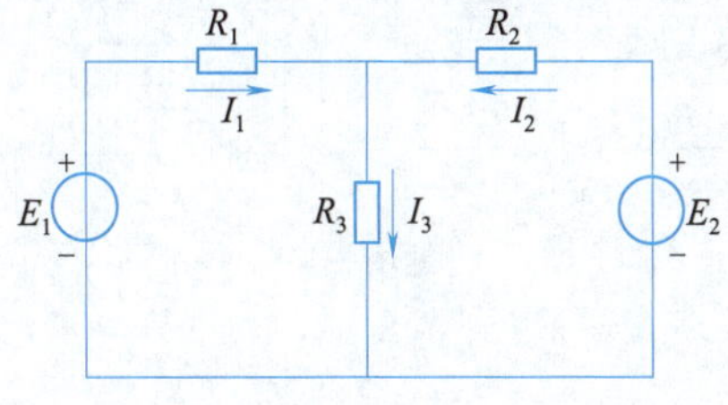

图 2-5　例题 2-2

解：应用基尔霍夫定律列写方程组有

$$\begin{cases} I_1+I_2-I_3=0 \\ I_1R_1+I_3R_3-E_1=0 \\ I_2R_2+I_3R_3-E_2=0 \end{cases}$$

代入数据有

$$\begin{cases} I_1+I_2-I_3=0 \\ 20I_1+6I_3-140=0 \\ 5I_2+6I_3-90=0 \end{cases}$$

解得　　$I_1=4\ \text{A}$　　$I_2=6\ \text{A}$　　$I_3=10\ \text{A}$

任务实施

按照任务书要求完成相应内容，见表 2-5。

表 2-5　学习任务书—认识直流电路

班级		姓名		组别		日期	

1. 根据任务信息完成下列引导问题

(1)电路的构成是怎样的?

①电路由＿＿＿＿＿＿、＿＿＿＿＿＿、＿＿＿＿＿＿、＿＿＿＿＿＿构成。

②写出电路的三种状态。

(2)电阻、电容、电感的作用是什么?

(3)认识电阻的串联、并联电路。

①识别电阻的串联、并联回路。观察题图 2-1 中的电阻,理解串联与并联的概念。

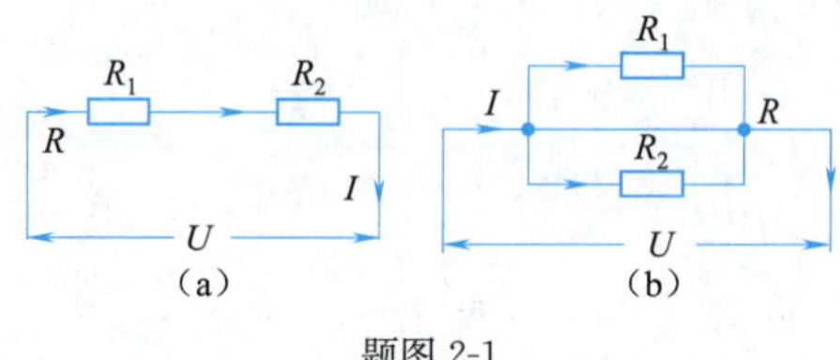

题图 2-1

②写出电阻串联、并联回路的总电阻值与各个电阻的关系。

续上表

2. 任务实施

(1)观察照明简单电路的实物连接图(题图 2-2)完成实际电路的连接。

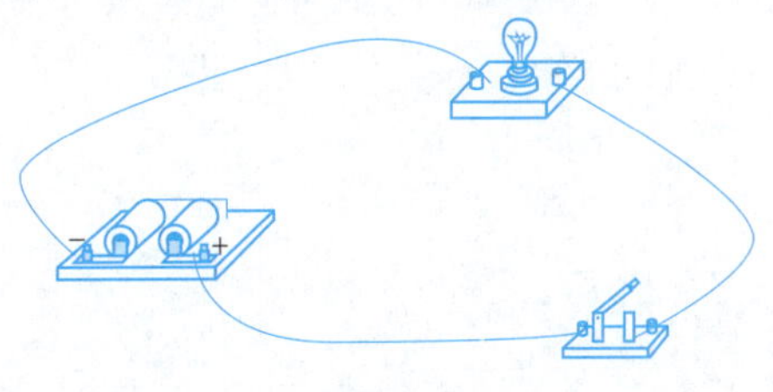

题图 2-2

① 认识电路的基本组成和基本元件。组成照明简单电路的主要设备有 a. ______________、b. ______________、c. ______________、d. ______________________________等。

如题图 2-2 所示照明简单电路,闭合开关,小灯泡就持续发光;断开开关,小灯泡就熄灭了。小灯泡持续发光,表示有持续________通过小灯泡的灯丝,这个持续________是由干电池提供的,像干电池这样能提供持续________的装置,称为直流电源。直流电源有两个极,一个正极,用符号"________"表示;一个负极,用符号"________"表示。

②能够区分电路的三种状态。

(2)根据欧姆定律完成以下问题。

在线性电阻中,流过电阻的电流大小与电阻两端的电压成________比,与电阻值成________比。其数学表达式为 $I=$________或 $U=$________或 $R=$________。

①认识串联电路特点和性质。串联电路的基本特点。

a. 串联电路中各处的电流________。

b. 串联电路两端的总电压________于各分电压之________。

串联电路的两个重要性质:

a. 串联电路总电阻________于各分电阻之________。

b. 串联电路中各电阻两端的电压与它的阻值成________比。

②认识基尔霍夫定律。

a. 节点电流定律(题图 2-3)。任一时刻,流入电路中任一节点的电流之和等于流出该节点的电流之和。列写节点电流方程为:

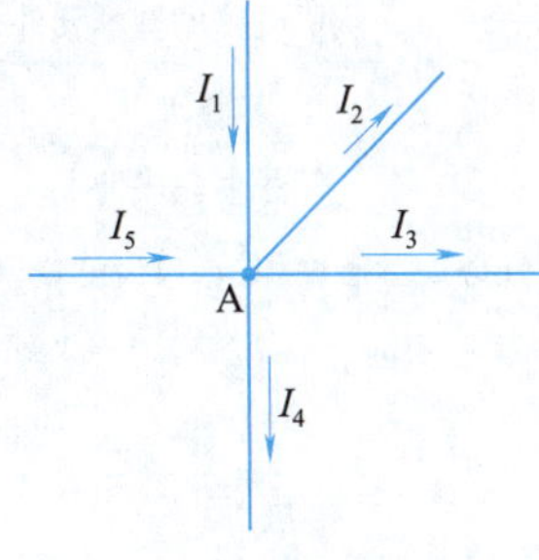

题图 2-3

续上表

b. 回路电压定律(题图 2-4)。各支路的元件是任意的。已知 $U_{AB}=5\ V$,$U_{BC}=-4\ V$,$U_{DA}=-3\ V$。则 $U_{CD}=$ ________ V;$U_{CA}=$ ________ V

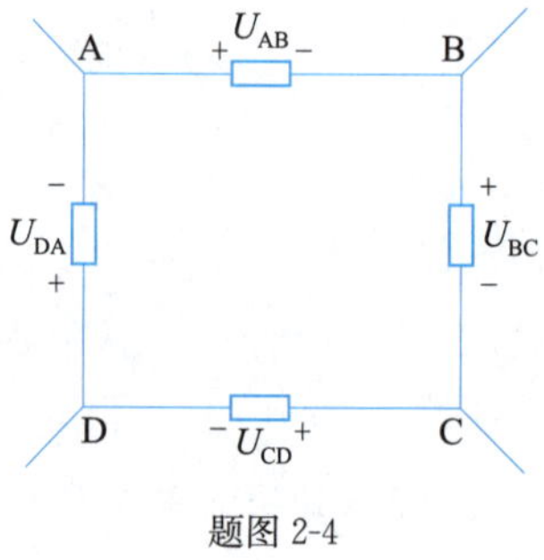

题图 2-4

根据任务完成情况,填写表 2-6。

表 2-6　任务评价表—认识直流电路

项目		评价内容			满分	得分
师评	知识能力	掌握电路的组成			5	
		认识电路的三种状态			10	
		认识电路的基本元件			15	
	素质	出勤情况	出勤	缺课(　　)	5	
		任务书完成情况			10	
		任务展示态度积极,口齿清楚,仪态得体			10	
	作业				10	
自评	自我反思(自填)				—	—
					—	—
	完成情况	完整(5 分)	自主(5 分)		10	
	展示汇报	是	否		5	
互评	完成情况	能积极参与讨论,完成任务书			10	
	展示汇报	能够组内积极进行任务展示			10	
总　分					100	

一、填空题

1. 电路有三种状态，分别是________、________、________。电路开路时，电路中________（填有或没有）电流；电路出现________故障时，电路中的电流将增大，可能烧毁电气设备，所以应避免该故障出现。

2. 电路基本上是由________、________、________和________组成。

3. 要测定某一导体的电阻，只要测出导体两端的________和导体中的________，即可用公式________计算出待测电阻。

4. 并联电路中，各并联支路的电压都________，并联各支路的电流与总电路电流的关系为________。

5. 并联电阻的等效电阻的计算公式为________。

6. 基尔霍夫电流定律的内容是________。

7. 电阻混联电路是指________。

二、选择题

1. 当电路中的一部分被短接时，该部分电路处于（　　）状态。

A. 通路　　B. 开路　　C. 短路　　D. 无法判断

2. 并联电路中各个支路电阻消耗的功率和各个电阻的阻值（　　）。

A. 成正比　　B. 成反比　　C. 相同　　D. 不确定

3. 电阻 R_a、R_b 串联后由直流电源供电。当 R_a 为 90 Ω 时，R_b 两端短接后，电路中的电流是 R_a 两端没有被短接时电流的 4 倍，则 R_b 的阻值为（　　）。

A. 30 Ω　　B. 60 Ω　　C. 180 Ω　　D. 260 Ω

4. 在一电压恒定的电路中，电阻值增大时，电流就随之（　　）。

A. 减小　　B. 增大

C. 先变大后变小　　D. 先变小后变大

5.（　　）的叙述是错误的。

A. 电路中任意两点间的电位差叫电压　　B. 在电源内部，电流从负极流向正极

C. 电源正极电位高，负极电位低　　D. 电流总是从高电位流向低电位

6.（　　）指的是在任一瞬时，流入节点的电流之和总是等于流出该节点的电流之和。

A. 基尔霍夫第一定律　　B. 基尔霍夫第二定律

C. 欧姆定律　　D. 牛顿定律

7. 把阻值为 2 Ω、4 Ω 的两个电阻串联后接入 24 V 的恒压电源，则经过 2 Ω 电阻的电流为（　　）。

A. 4 A　　B. 6 A　　C. 8 A　　D. 12 A

8. 一段导线，其电阻为 R，将其从中对折合并成一段新导线，其电阻值为（　　）。

A. $R/2$　　B. $R/4$　　C. $R/6$　　D. $R/8$

三、判断题

1. 一般导体的电阻值与导体的截面积成反比。（　　）

2. 电流为 1 A 表示每分钟通过导线任一截面的电量是 1 C。（　　）

3. 导体中通过电流时产生的热量与电流的平方、导体的电阻及电流通过导体的时间成正比。（　　）

4. 由欧姆定律知，电阻与外加电压成正比。（　　）

5. 金属导体电阻的阻值与其外加电压无关。（　　）

6. 直流电的方向不随时间变化。（　　）

7. 在并联电阻中，阻值较大的电阻承受的电压高。（　　）

8. 串联电路的总电阻阻值大于任一电阻。（　　）

9. 凡是不能导电的物体，我们就称它为绝缘体。（　　）

10. 电荷有规律的定向移动称为电流，电源内部的电流方向从正到负。（　　）

四、计算题

1. 应用基尔霍夫电压定律求题图 2-5 电路中的电压 U。

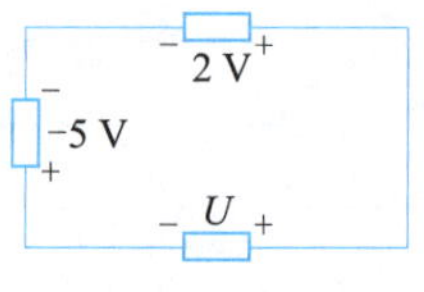

题图 2-5

2. 在电路中，既有电阻的串联又有电阻的并联，称为电阻的________联。如题图 2-6 所示，已知 $R_1=R_2=3\ \Omega$，$R_3=6\ \Omega$，则电路的等效电阻分别为 $R_{ab}=$________，$R_{cd}=$________。

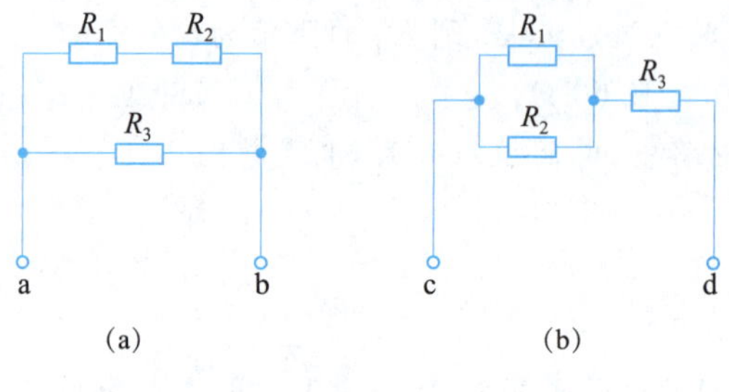

题图 2-6

任务二　认识交流电路

任务描述

电力机车上的辅助设备均使用交流电源。学习和掌握交流电路的知识，是保证电力机车正常运行的理论基础。机车电工岗位的重要工作内容，是对大量机车交流设备进行检修工作。

1. 认识三相正弦交流电。

2. 了解三相交流电的产生原因。

3. 了解三相交流电的基本参数。

4. 了解三相交流电源的连接方式。

5. 掌握电功和电功率的概念。

一、认识直流电路与交流电路

1. 直流电路

直流电路中，电动势、电压和电流的大小和方向都不随时间 t 变化，如图 2-6 所示。

图 2-6 直流电流波形

2. 交流电路

在日常的生产和生活中，很多情况下，电路中的电动势、电压和电流的大小和方向是随时间变化的。大小和方向随时间做周期性变化的物理量（如电动势、电压、电流、磁通等）称为周期性交流量，如图 2-7 所示。

在周期性交流量中，应用最广泛的是按正弦规律变化的正弦交流量，简称正弦量。通常所说的正弦交流电，指的是正弦电动势、正弦电压和正弦电流，如图 2-7(c)所示。

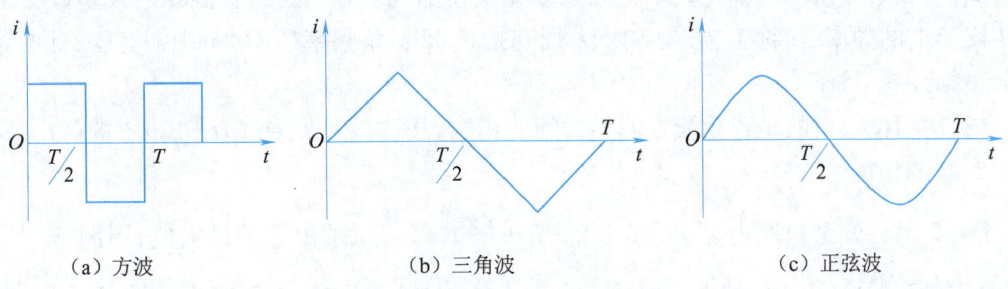

图 2-7 几种常见的交流电流波形

二、认识单相正弦交流电

1. 正弦交流电特点

(1)瞬时性：在一个周期内，不同时刻的瞬时值是不相同的。

(2)周期性：每隔一个相同的时间间隔，变化规律是相同的。

(3)规律性：按正弦函数规律变化。

2. 正弦量的三要素

正弦量的三要素是最大值、角频率和初相位。

(1)最大值。最大值是指正弦量正的最大瞬时值,又称为峰值或幅值。正弦量的最大值分别用 E_m、U_m 和 I_m 来表示。图 2-8 所示是两个最大值不同的正弦电压波形。

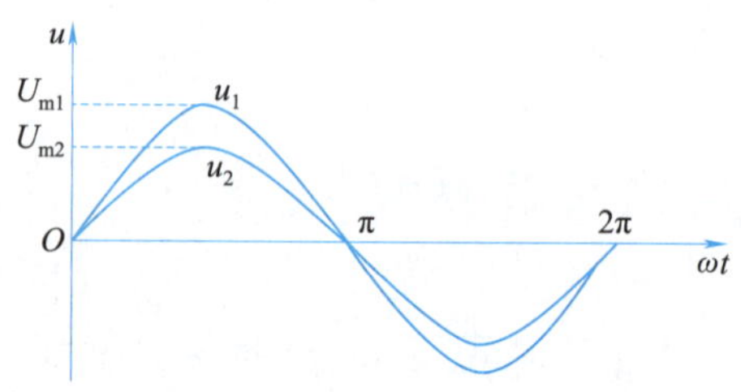

图 2-8 不同振幅的正弦波

(2)角频率。式 $e=E_m\sin(\omega t+\varphi_0)$ 中的 ω,指的是正弦交流电在 1 s 内变化的弧度,单位为弧度/秒(rad/s)。

$$\omega=\frac{2\pi}{T}$$

正弦量每秒变化的周期数,称为正弦量的频率,用字母 f 表示。频率的单位是赫[兹],用符号 Hz 表示,1 Hz=1/s。

由周期和频率的定义可以推知

$$f=\frac{1}{T}$$

所以有

$$\omega=\frac{2\pi}{T}=2\pi f$$

周期、频率和角频率都是表示正弦量变化快慢的物理量。我国和世界上大多数国家工业用交流电的频率(简称工频)是 50 Hz,周期是 0.02 s,角频率是 314 rad/s;美国、日本等国家的工频是 60 Hz。

(3)初相位。指的是正弦量在起始时间的相位。即式 $e=E_m\sin(\omega t+\varphi_0)$ 中的 $(\omega t+\varphi_0)$,$t=0$ 时刻的相位 φ_0。

【例 2-3】已知某电路电流 $i=10\sin(314t+\frac{2\pi}{3})$。(1)试求出它的最大值、周期、频率、角频率和初相;(2)画出 i 的波形;(3)若 i 的参考方向选择与原来相反,写出它的解析式。

解:(1)由 $i=10\sin(314t+\frac{2\pi}{3})$ 可知

$$I_m=10\ \text{A} \qquad \omega=314\ \text{rad/s} \qquad \varphi_0=\frac{2\pi}{3}$$

由 $\omega=\frac{2\pi}{T}$ 得

$$T=\frac{2\pi}{\omega}=\frac{2\pi}{100\pi}=\frac{1}{50}=0.02(\text{s})$$

所以

$$f=\frac{1}{T}=\frac{1}{0.02}=50(\text{Hz})$$

(2)电流 i 的波形如图 2-9 所示。

(3)若 i 的参考方向与原来相反，则有

$$i'=-i=-10\sin\left(314t+\frac{2\pi}{3}\right)$$
$$=10\sin\left(314t+\frac{2\pi}{3}-\pi\right)$$
$$=10\sin\left(314t-\frac{\pi}{3}\right)$$

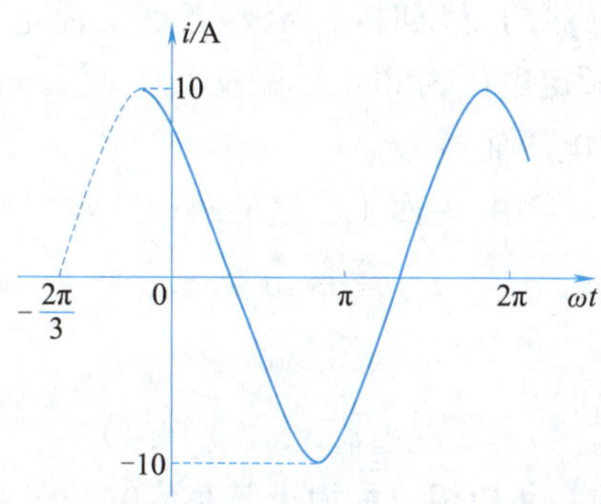

图 2-9　电流的波形

由此可见，一个正弦量选择不同的参考方向时，两个解析式异号，最大值和角频率不变，而它们的初相相差 π 个弧度，至于是加上 π 还是减去 π，要根据 $|\varphi_0|\leqslant\pi$ 来决定。

最大值、角频率和初相是确定正弦量的三个要素，今后，我们在计算某个正弦量时，就是要求出它的三要素。在分析正弦电路中电压与电流的关系时，也要从三要素入手。

(4)相位差。两个同频率的正弦量的相位之差称为相位差，用字母 φ 表示。例如

$$u=U_{\text{m}}\sin(\omega t+\varphi_{0_u})$$

与

$$i=I_{\text{m}}\sin(\omega t+\varphi_{0_i})$$

的相位差

$$\varphi_{ui}=(\omega t+\varphi_{0_u})-(\omega t+\varphi_{0_i})=\varphi_{0_u}-\varphi_{0_i}$$

上式表明，两个同频率正弦量的相位差，就等于它们的初相之差，是与时间无关的常数。通过求解相位差，可以确定任意两个同频率正弦量变化进程的差别，也就是确定它们的相位关系。

【例 2-4】已知正弦量 $u=U_{\text{m}}\sin(314t+45^\circ)$，$i=I_{\text{m}}\sin(314t-60^\circ)$。求 u 与 i 相位差，并确定二者的相位关系。

解：u 与 i 的相位差

$$\varphi_{ui}=\varphi_{0_u}-\varphi_{0_i}=45^\circ-(-60^\circ)=105^\circ>0^\circ$$

在相位上，u 超前 i 105°，或者说 i 滞后 u 105°。

由于相位差是与时间无关的常数，所以相位差与计时起点的选择无关。为分析问题方便，在一些相关的同频率正弦量中，可以选择其中一个的初相为零，以其达到零值的瞬间作为计时起点，这个初相为零的正弦量叫参考正弦量，其他正弦量的初相等于它们与参考正弦量的相位差。

3. 正弦量的有效值

正弦量的有效值是最大值的$\frac{1}{\sqrt{2}}$倍，即

$$I=\frac{I_m}{\sqrt{2}}=0.707\ I_m \qquad U=\frac{U_m}{\sqrt{2}}=0.707\ U_m \qquad E=\frac{E_m}{\sqrt{2}}=0.707\ E_m$$

正弦量的有效值应用非常广泛，实际中都用有效值来衡量正弦量的大小。例如，通常所说的市电 220 V，就是指正弦电压的有效值（最大值是 $220\sqrt{2}=311$ V）。交流电气设备铭牌上所标的额定电压和额定电流值也都是有效值；常用的交流电压、电流表的指示值都是有效值。

需要注意的是，在选择电器的耐压时，一定要考虑交流电压的最大值。例如，耐压为 220 V 的电容器就不能接到额定电压为 220 V 的交流电源上，因为交流电源电压的最大值是 311 V，电容器会因承受过电压而被击穿。

由于有效值比最大值更为实用，因而正弦量的解析式常用有效值来表示，即

$$i=\sqrt{2}I\sin(\omega t+\varphi_{0i})$$

$$u=\sqrt{2}U\sin(\omega t+\varphi_{0u})$$

$$e=\sqrt{2}E\sin(\omega t+\varphi_{0e})$$

所以也常把有效值、角频率和初相位称为正弦交流电的三要素。

正弦交流电各物理量的关系见表 2-7。

表 2-7　正弦交流电的物理量

物理量	概念	符号表示
瞬时值	随时间变化的电流、电压、电动势和功率在任何瞬间的数值	分别以 i、u、e、p 表示。例如电动势表示为 $e=E_m\sin\omega t$
最大值	正弦交流电在一个周期内所能达到的最大数值，也称幅值、峰值、振幅等	分别用 E_m、U_m、I_m 表示
有效值	正弦交流电的有效值是根据电流的热效应规定的。即让交流电与直流电分别通过阻值相同的电阻，如果在相同的时间内，它们所产生的热量相等，就把直流电的数值定义为交流电的有效值	分别用 E、U、I 表示
周期	交流电完成一次周期性变化（或发电机的转子旋转一周）所用的时间	用 T 表示，单位是秒(s)
频率	交流电在单位时间内(1 s)完成周期性变化的次数（或发电机在 1 s 内旋转的圈数）	用 f 表示，单位是赫[兹](Hz)。频率常用单位还有千赫(kHz)和兆赫(MHz)，它们的关系为 1 kHz=10^3 Hz，1 MHz=10^6 Hz

续上表

物理量	概念	符号表示
角频率	交流电在 1 s 内电角度的变化量（即发电机转子在 1 s 内所转过的几何角度）	用 ω 表示，单位是弧度每秒（rad/s）
相位	表示正弦交流电在某一时刻所处状态的物理量。相位不仅决定正弦交流电的瞬时值的大小和方向，还能反映正弦交流电的变化趋势	在正弦交流电的三角函数式中，φ 就是正弦交流电的相位。单位为度（°）或弧度（rad）
初相位	表示正弦交流电起始时刻的状态的物理量。正弦交流电在 $t=0$ 时的相位（或发电机的转子在没有转动之前，其线圈平面与中性面的夹角）叫初相位	用 φ_0 表示。初相位的大小和时间起点的选择有关，初相位的绝对值用小于 π 的角表示
相位差	两个同频率正弦交流电，在任一瞬间的相位之差就是相位差	用符号 $\Delta\varphi$ 表示

三、认识三相交流电

1. 三相交流电的产生

三相发电机可以同时产生并输出三相电源，三相发电机的结构如图 2-10 所示。

由图中可见，三相发电机主要是由互成 120° 的 U、V、W 三组线圈和一块旋转磁铁组成。当磁铁旋转时，磁铁产生的磁场切割这三组线圈，分别产生交流电动势，各线圈两端就分别输出交流电压 u_U、u_V、u_W，这三组线圈输出的三组交流电压就称作三相交流电压。

三相交流发电机产生的三相交流电波形如图 2-11 所示。

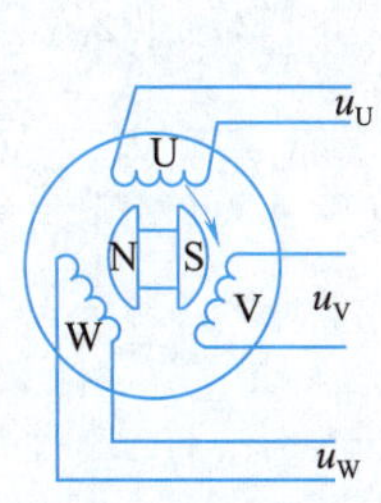

图 2-10　三相交流发电机的结构示意图

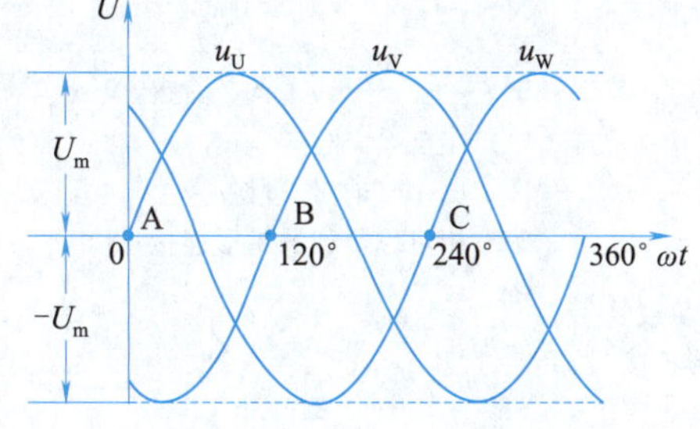

图 2-11　三相交流电的波形

U、V、W 三相交流电的瞬时电压表达式如下：

$$u_U = U_m \sin\omega t$$

$$u_V = U_m \sin(\omega t - 120°)$$

$$u_W = U_m \sin(\omega t - 240°)$$

2. 三相交流电源的连接

表 2-8 为三相交流电源的连接方法。

表 2-8　三相交流电源的连接

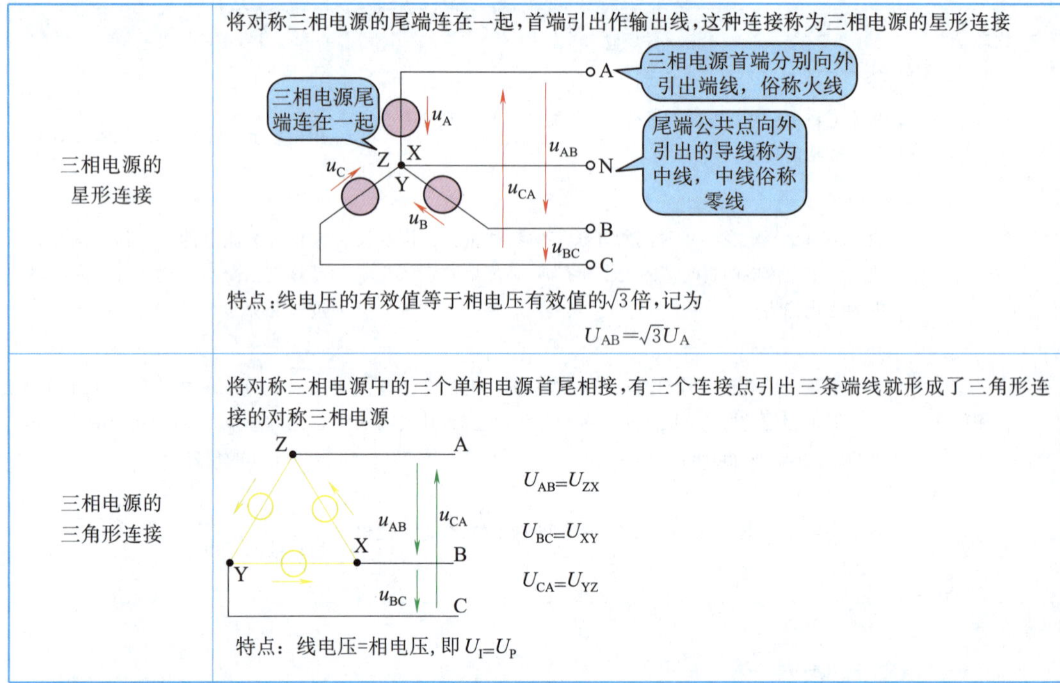

三相电源的星形连接	将对称三相电源的尾端连在一起，首端引出作输出线，这种连接称为三相电源的星形连接 特点：线电压的有效值等于相电压有效值的$\sqrt{3}$倍，记为 $U_{AB}=\sqrt{3}U_A$
三相电源的三角形连接	将对称三相电源中的三个单相电源首尾相接，有三个连接点引出三条端线就形成了三角形连接的对称三相电源 $U_{AB}=U_{ZX}$ $U_{BC}=U_{XY}$ $U_{CA}=U_{YZ}$ 特点：线电压=相电压，即 $U_l=U_P$

3. 三相负载的连接

表 2-9 为三相负载的连接方法。

表 2-9　三相负载的连接

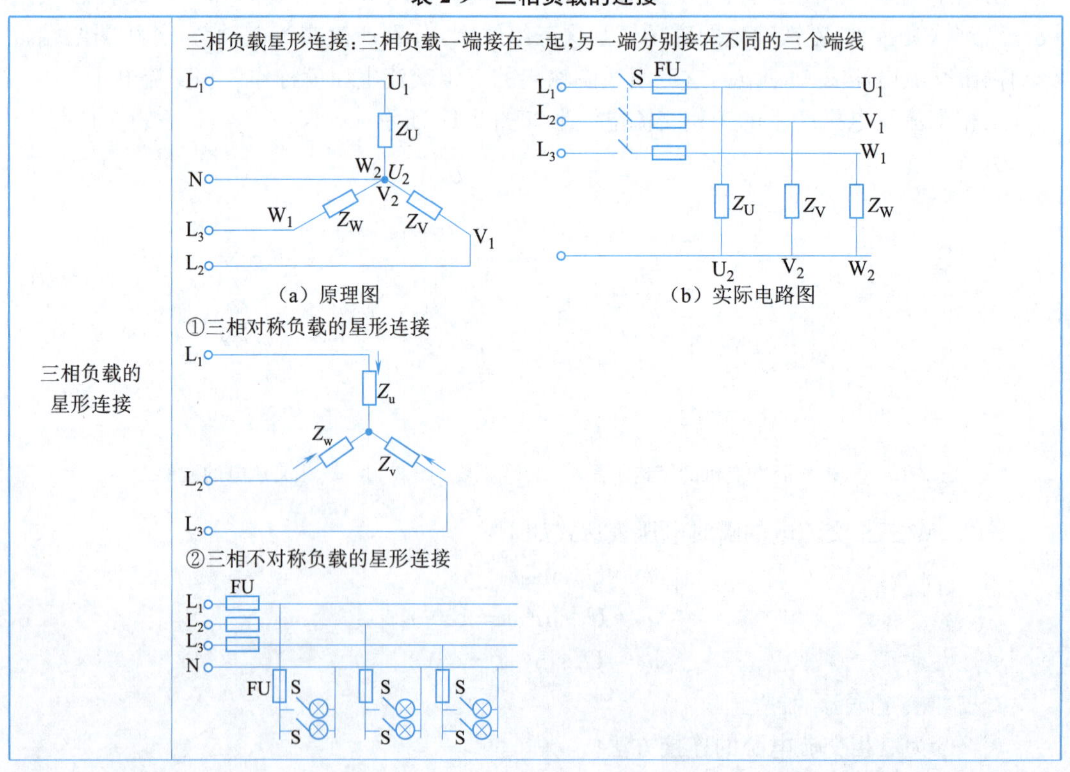

三相负载的星形连接	三相负载星形连接：三相负载一端接在一起，另一端分别接在不同的三个端线 （a）原理图　（b）实际电路图 ①三相对称负载的星形连接 ②三相不对称负载的星形连接

续上表

三相负载的三角形连接	将三相负载接成三角形后与电源相连 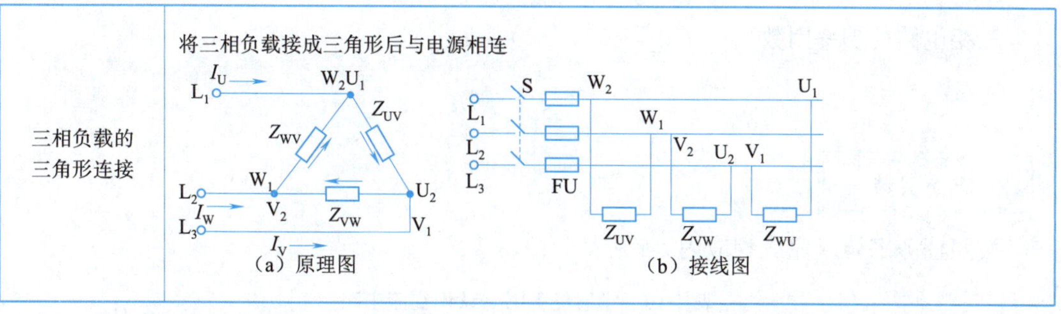 （a）原理图　（b）接线图

【例 2-5】已知有一台三相发电机，其每相电动势为 220 V，分别求出当三相绕组作星形连接和三角形连接时的线电压和相电压。

解：三相绕组作星形连接时

$$U_P = 220\ \text{V}$$

$$U_L = \sqrt{3}U_P = \sqrt{3}\times 220 = 380(\text{V})$$

三相绕组作三角形连接时

$$U_L = U_P = 220\ \text{V}$$

四、认识电功和电功率

电流流过导体或电器时会做功。单位时间内所做的功就是电功率。

1. 有功功率

在交流电路中，凡是消耗在电阻元件上、功率不可逆转的那部分功率，称为有功功率，用“P”表示，单位是瓦(W)。

2. 无功功率

无功功率是交流电路中由于电抗性元件(指纯电感或纯电容)的存在，而进行可逆性转换的那部分电功率，它表达了交流电源能量与磁场或电场能量交换的最大速率。这部分功率称之为无功功率，用“Q”表示。单位是伏[特]安[培](V・A)。

3. 视在功率

交流电源所能提供的总功率，称之为视在功率或容量，在数值上是交流电路中电压与电流的乘积，视在功率用 S 表示。单位为伏[特]安[培](V・A)。

4. 三相电路的功率

三相负载的有功功率等于各相功率之和，即

$$P = P_1 + P_2 + P_3$$

在对称三相电路中，无论负载是星形连接还是三角形连接，由于各相负载相同，各相电压大小相等，各相电流也相等，所以三相功率表达式为

$$P = 3U_P I_P \cos\varphi = \sqrt{3}U_L I_L \cos\varphi$$

式中，φ 为对称负载的阻抗角，也是负载相电压与相电流之间的相位差。

三相电路的视在功率

$$S = 3U_P I_P = \sqrt{3}U_L I_L$$

三相电路的无功功率

$$Q=3U_{\mathrm{P}}I_{\mathrm{P}}\sin\varphi=\sqrt{3}U_{\mathrm{L}}I_{\mathrm{L}}\sin\varphi$$

三相电路的功率因数

$$\lambda=\frac{P}{S}=\cos\varphi$$

按照任务书要求完成相应内容，见表 2-10。

表 2-10　学习任务书—认识交流电路

班级		姓名		组别		日期	
1. 根据任务信息完成下列引导问题 (1)认识交流电： ①交流电的电动势、电压和电流的________和________是随时间变化的。 ②绘制简单的单相正弦交流电波形图。 (2)单相正弦交流电的三要素是什么？ 2. 任务实施 (1)认识三相正弦交流电： 三相交流发电机的三相绕组末端连接在一起，称为中性点 N，引出的导线称为中性线。首端引出的三根导线称为__________。每相绕组上的电压或相线与中性线之间的电压称为相电压，一般用 U_{P} 表示；两根相线之间的电压称为________，一般用 U_{L} 表示。							

续上表

(2)说明三相交流电的产生过程。

(3)写出三相交流电的基本参数。

(4)三相电源的连接方式有哪几种？说明电压、电流关系。

(5)三相负载的连接方式有哪几种？说明电压、电流关系。

根据任务完成情况，填写表 2-11。

表 2-11　任务评价表—认识交流电路

<table>
<tr><th colspan="2">项目</th><th colspan="4">评价内容</th><th>满分</th><th>得分</th></tr>
<tr><td rowspan="7">师评</td><td rowspan="3">知识能力</td><td colspan="4">掌握交流电的特点</td><td>10</td><td></td></tr>
<tr><td colspan="4">了解正弦交流电的主要参数</td><td>10</td><td></td></tr>
<tr><td colspan="4">了解电源和负载的连接方式</td><td>10</td><td></td></tr>
<tr><td rowspan="3">素质</td><td>出勤情况</td><td colspan="2">出勤</td><td>缺课(　　)</td><td>5</td><td></td></tr>
<tr><td colspan="4">任务书完成情况</td><td>10</td><td></td></tr>
<tr><td colspan="4">任务展示态度积极，口齿清楚，仪态得体</td><td>10</td><td></td></tr>
<tr><td colspan="5">作业</td><td>10</td><td></td></tr>
<tr><td rowspan="4">自评</td><td rowspan="2">自我反思
(自填)</td><td colspan="4"></td><td>—</td><td>—</td></tr>
<tr><td colspan="4"></td><td>—</td><td>—</td></tr>
<tr><td>完成情况</td><td colspan="2">完整(5 分)</td><td colspan="2">自主(5 分)</td><td>10</td><td></td></tr>
<tr><td>是否汇报</td><td colspan="2">是</td><td colspan="2">否</td><td>5</td><td></td></tr>
<tr><td rowspan="2">互评</td><td>完成情况</td><td colspan="4">能积极参与讨论，完成任务书</td><td>10</td><td></td></tr>
<tr><td>展示汇报</td><td colspan="4">能够组内积极进行任务展示</td><td>10</td><td></td></tr>
<tr><td colspan="6">总　　分</td><td>100</td><td></td></tr>
</table>

一、填空题

1. 大小和方向随时间按____________做周期性变化的电动势、电压和电流，统称为正弦交流电。

2. 正弦量的三要素是指____________、____________、____________。

3. 我国电力工业所使用交流电的频率是________ Hz，周期是________ s，角频率是________ rad/s。

4. 已知电压 $u=220\sqrt{2}\sin(314t-60^\circ)$，则该电压的 $U_m=$________；$U=$________；$\omega=$________；$f=$________；$T=$________；初相 $\varphi_0=$________。

5. 工程上所称的 220 V 或 380 V 工频交流电压是指它的____________值。

6. 一个对称三相电源，已知 $u_U=311\sin(314t-30^\circ)$，则另外两相电压的瞬时值表达式为 $u_V=$____________________和 $u_W=$____________________。

7. 三相交流发电机的三相绕组末端连接在一起，称为中性点 N，引出的导线称为中性线。首端引出的三根导线称为________________。每相绕组上的电压或相线与中性线之间的电压称为相电压，一般用 U_P 表示；两根相线之间的电压称为____________，一般用 U_L 表示。

二、选择题

1. 交流电的特点是（　　）。

A. 大小随时间变化　　B. 方向随时间变化

C. 大小、方向都随时间变化　　D. 大小、方向都不随时间变化

2. 在正弦交流的电阻电路中，正确反映电流电压之间的关系式是（　　）。

A. $i=U/R$　　B. $i=U_m/R$　　C. $i=u/R$　　D. $i=uR$

3. 正弦电压和电流等正弦量的三要素不包括（　　）。

A. 频率　　B. 幅值　　C. 方向　　D. 初相位

4. 关于正弦电压、电流和电动势等正弦量，（　　）的叙述是错误的。

A. 其大小常用有效值来计量的　　B. 有效值是从电流的热效应来规定的

C. 正弦量在任一瞬时的值称为瞬时值　　D. 最大的瞬时值称为有效值

5. 220 V 正弦交流电压是交流电的（　　）。

A. 峰值　　B. 峰峰值　　C. 有效值　　D. 瞬时值

6. 一个 220 V、40 W 电烙铁的电阻值约为（　　）。

A. 600 Ω　　B. 1 200 Ω　　C. 2 000 Ω　　D. 2 400 Ω

7. 1 s 内交流电重复变化的次数叫（　　）。

A. 幅度　　B. 角频率　　C. 电频率　　D. 频率

8. 电动势的方向规定为（　　）。

A. 由低电位指向高电位　　B. 由高电位指向低电位

C. 电位的方向　　D. 电流的方向

9. 交流电流表、电压表指示的数值是（　　）。

A. 平均值　　B. 最大值　　C. 有效值　　D. 最小值

10. 某一正弦交流电的周期是 0.01 s，则其频率为（　　）。

A. 0.01 Hz　　B. 50 Hz　　C. 60 Hz　　D. 100 Hz

11. 三个频率相同、最大值相等、相位相差（　　）的正弦电流、电压或电动势叫三相交流电。

A. 90°　　B. 120°　　C. 180°　　D. 360°

12. 三相交流电机采用星形接法时，线电压与相电压的关系是（　　）。

A. $U_{线}=U_{相}$　　B. $U_{线}\approx U_{相}$

C. $U_{线}=1.732U_{相}$　　D. $U_{相}=1.732U_{线}$

13. 三相对称 Y 接负载的相电压比线电压（　　）。

A. 超前 60°　　B. 超前 30°　　C. 滞后 60°　　D. 滞后 30°

三、判断题

1. 直流电不能通过电容，交流电可以。（　　）

2. 电动势是衡量电流大小的物理量。（　　）

3. 有功功率又叫视在功率。（　　）

4. 在交流电路中，电阻上消耗的这部分功率称为有功功率。（　　）

5. 无功功率的单位是伏[特]安[培]（V·A）。（　　）

6. 在交流电路中，无论是感抗或容抗都不消耗电能。（　　）

7. 直流电的方向不随时间变化。（　　）

8. 三相负载对称是指每一相负载阻抗相同。(　　)

9. 电压表测量交流电压时必须用红表笔接火线,黑表笔接地线。(　　)

10. 在串联电容中,电容量较小的电容器所承受的电压高。(　　)

四、计算题

已知对称三相交流电路,每相负载的电阻为 $R=8\ \Omega$,感抗为 $X=69$。

(1)设电源电压为 $U_L=380\ V$,求负载星形连接时的相电流、相电压和线电流。

(2)设电源电压为 $U_L=220\ V$,求负载三角形连接时的相电流、相电压和线电流。

(3)设电源电压为 $U_P=380\ V$,求负载三角形连接时的相电流、相电压和线电流。

任务三　认识电气图

电气图是机车运用和判断故障的重要资料。电气图的识读,对于机务部门的从业人员来说,有至关重要的作用。掌握电气图的分类和绘制规则,可以帮助我们快速了解电气设备的工作情况,提高生产设备工作的安全性和可靠性。

1. 掌握电气图的分类。
2. 掌握电气图的构成要素。
3. 掌握电气图线及元器件的标识方法。
4. 掌握成套电路图的识读方法。

一、电气图的定义

电气图是用电气图形符号、带注释的围框或电气设备(元件)的简化外形表示电气系统或设备中组成部分之间相互关系及其连接关系的一种工程图,电气图的组成如图 2-12 所示。

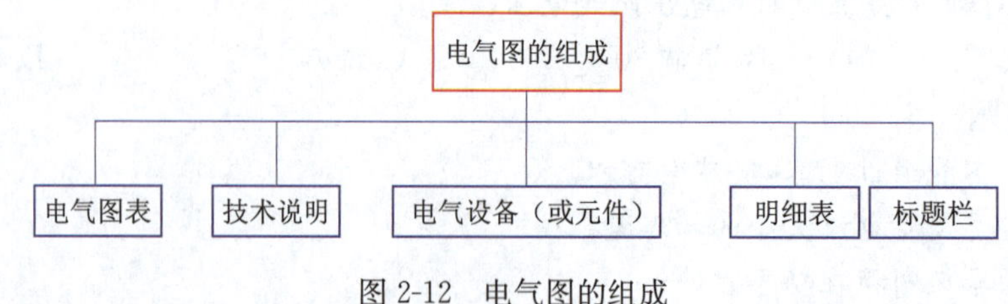

图 2-12　电气图的组成

二、电气图的分类

电气图的分类一般有框图、原理图、程序图、时序图等,如图 2-13 所示。

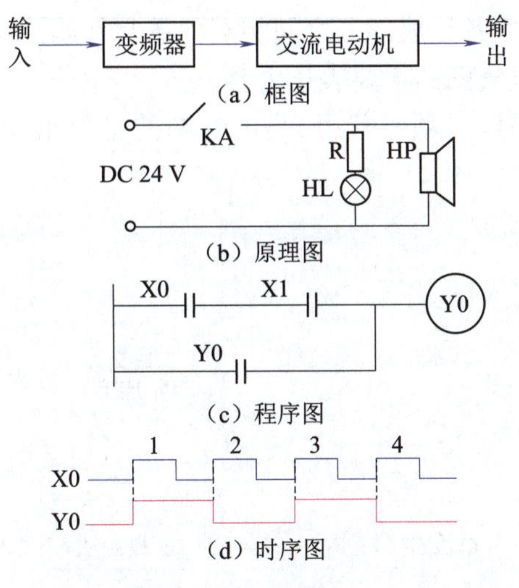

图 2-13　电气图的分类

(1)系统图或框图:用符号或带注释的框,概略表示系统或分系统的基本组成、相互关系及其主要特征的一种简图,如图 2-13(a)所示。

(2)电路原理图:用图形符号并按工作顺序排列,详细表示电路、设备或成套装置的全部组成和连接关系,而不考虑其实际位置的一种简图。目的是便于详细理解作用原理、分析和计算电路特性,如图 2-13(b)所示。

(3)程序图:详细表示程序单元和程序片及其互连关系的一种简图,如图 2-13(c)所示。

(4)接线图或布线图:表示成套装置、设备或装置的连接关系,用以进行接线和检查的一种简图或表格,如图 2-14 所示。

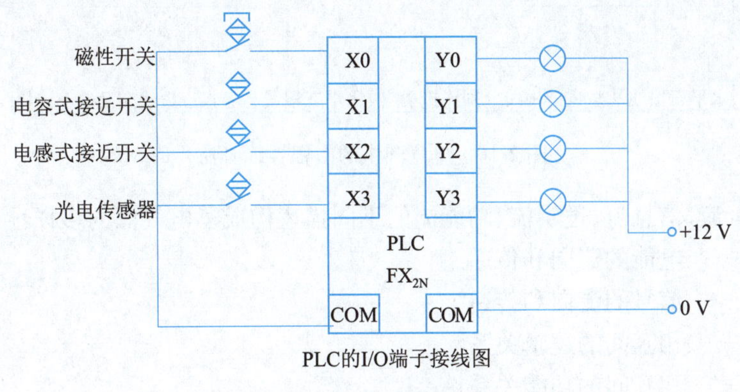

图 2-14　接线图

(5)简图或位置图:表示成套装置、设备或装置中各个项目的位置的一种简图或叫位置图。常用来表示一个区域或一个建筑物内成套电气装置中的元件位置和连接布线。

三、电气图的功能

(1)电气图的作用是阐述电路的工作原理。

(2)简图是电气图的主要表达方式,是用图形符号、带注释的围框或电气设备(元件)的简化外形表示系统或设备中各组成部分之间相互关系及其连接关系的一种图。

(3)元件和连接线是电气图的主要表达内容。

(4)图形符号、文字符号(或项目代号)是电气图的主要组成部分。电气图中的导线画法如图 2-15、图 2-16 所示。

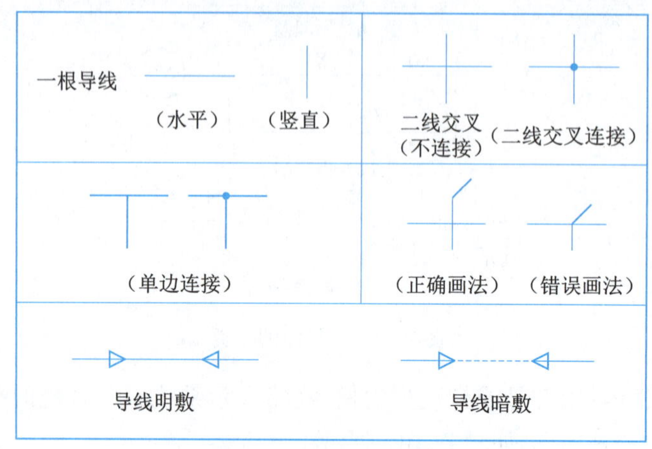

图 2-15　电气图中的导线

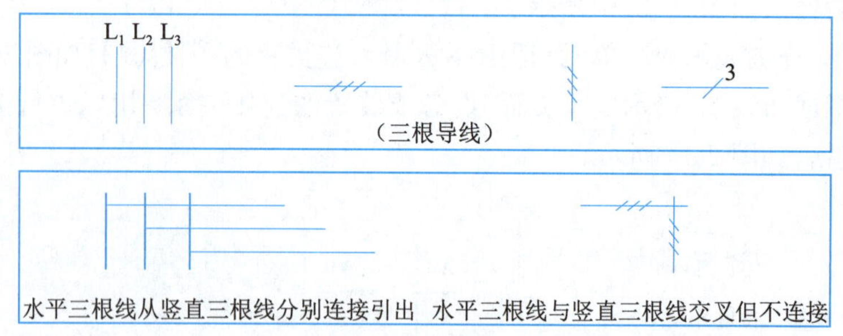

图 2-16　电气图中的多根导线画法

(5)对能量流、信息流、逻辑流、功能流的不同描述构成了电气图的多样性。

①能量流——电能的流向和传递。

②信息流——信号的流向和传递。

③逻辑流——相互间的逻辑关系。

④功能流——相互间的功能关系。

四、电气元件的图形符号

(1)图形符号的含义:用于图样或其他文件以表示一个设备或概念的图形、标记或字符。

(2)图形符号,由一般符号、符号要素、限定符号等组成。

①一般符号:表示一类产品或此类产品的一种通常很简单的符号。

②符号要素:具有确定意义的简单图形,必须同其他图形组合以构成一个设备或概念

的完整符号。

③限定符号:用以提供附加信息的一种加在其他符号上的符号。一般不能单独使用，但一般符号有时也可用作限定符号。图 2-17 所示为基本元件的图形符号。

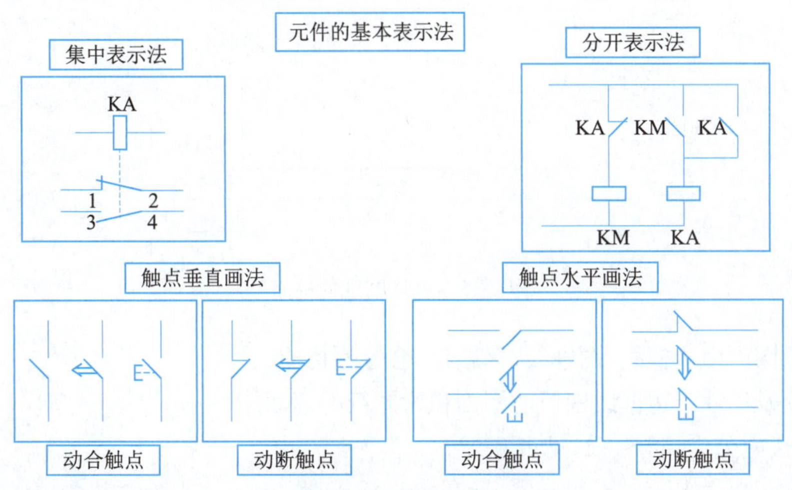

图 2-17　基本元件的图形符号

(3)常用图形符号应用的说明

①所有的图形符号,均按无电压、无外力作用的正常状态示出。

②在图形符号中,某些设备元件有多个图形符号,有优选形、其他形,形式 1、形式 2 等。选用符号的遵循原则是尽可能采用优选形;在满足需要的前提下,尽量采用最简单的形式;在同一图号的图中使用同一种形式。

③符号的大小和图线的宽度一般不影响符号的含义,在有些情况下,为了强调某些方面或者为了便于补充信息，或者为了区别不同的用途，允许采用不同大小的符号和不同宽度的图线。

④为了保持图面的清晰,避免导线弯折或交叉,在不致引起误解的情况下,可以将符号旋转或成镜像放置,但此时图形符号的文字标注和指示方向不得倒置。

⑤图形符号一般都画有引线，但在绝大多数情况下引线位置仅用作示例,在不改变符号含义的原则下,引线可取不同的方向。如引线符号的位置影响到符号的含义,则不能随意改变,否则引起歧义。

⑥在 GB/T 4728.2—2018 中比较完整地列出了符号要素、限定符号和一般符号，但组合符号是有限的。若某些特定装置或概念的图形符号在标准中未列出，允许通过已规定的一般符号,限定符号和符号要素适当组合，派生出新的符号。

⑦符号绘制。电气图所用图形符号是按网格绘制出来的,但网格未随符号示出。

五、电气图纸的一般规则

图纸的幅面如图 2-18 所示。

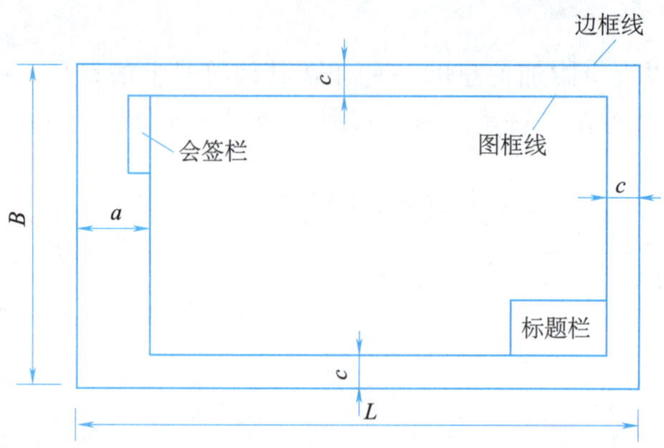

图 2-18　电气图纸的幅面

(1)电气图面由边框线、图框线、标题栏、会签栏构成。

(2)幅面及尺寸。边框线围成的图面积为图纸的幅面。

①幅面尺寸分为 A0～A4,见表 2-12。

表 2-12　图纸的幅面

图号	A0	A1	A2	A3	A4
长 L(mm)	1 189	841	594	420	297
宽 B(mm)	841	594	420	297	210

A0～A2 号图纸一般不得加长。A3、A4 号图纸可根据需要,沿短边加长。

②选择幅面的基本前提是保证幅面布局紧凑清晰和使用方便。

③幅面选择考虑因素。

a. 所设计对象的规模和复杂程度。

b. 由简图种类所确定的资料的详细程度。

c. 尽量选用较小幅面。

d. 便于图纸的装订和管理。

e. 复印和缩微的要求。

(3)图幅的分区。在图的边框处,竖边方向用大写拉丁字母,横边方向用阿拉伯数字,编号的顺序从标题栏的左上角开始。区的代号为数字+字母,如图 2-19 所示。

如受电弓 1AP 在图中的位置标记为 102/A;原边过流继电器 101KC 在图中的位置标记为 103/B。

按照任务书要求完成相应内容,见表 2-13。

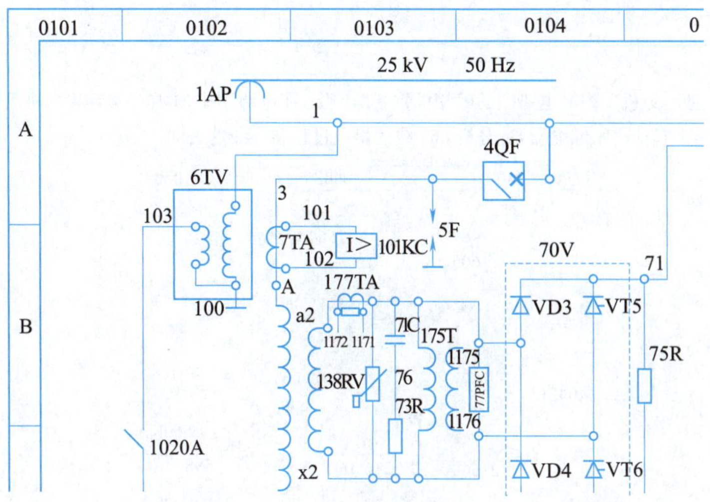

图 2-19　图幅的分区

表 2-13　学习任务书—认识电气图

班级		姓名		组别		日期	
1. 根据任务信息完成下列引导问题 (1)电路图有哪些种类？分别应用于什么场合？ (2)电路图中的电路交叉画法如何规定？ (3)电器的线圈、常开触点、常闭触点在电路图中如何标识？ (4)电器在电路图中的位置是如何标注的？							

续上表

2. 任务实施

题图 2-7 为 SS_{4G} 型电力机车控制电路图的劈相机控制局部图，在电路图中的 464 线为蓄电池正极，605QA 为自动开关，567KA 为劈相机起动中间继电器，试分析 561 线的得电过程和导线的去向。

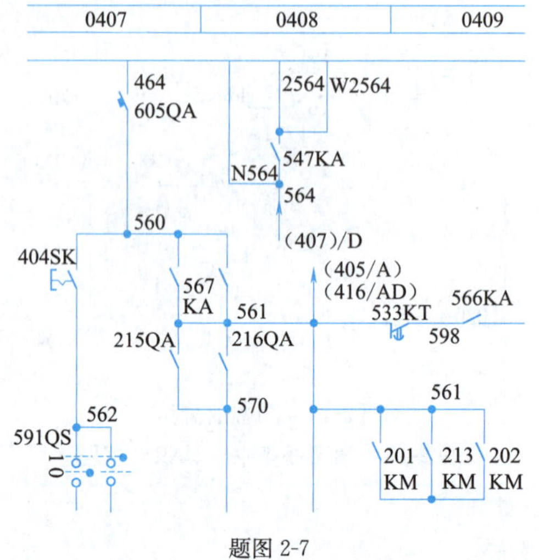

题图 2-7

任务评价

根据任务完成情况，填写表 2-14。

表 2-14　任务评价表—认识电路图

<table>
<tr><th colspan="2">项目</th><th colspan="3">评价内容</th><th>满分</th><th>得分</th></tr>
<tr><td rowspan="7">师评</td><td rowspan="3">知识能力</td><td colspan="3">掌握图面结构名称</td><td>10</td><td></td></tr>
<tr><td colspan="3">掌握开关、继电器、接触器等电气符号</td><td>10</td><td></td></tr>
<tr><td colspan="3">掌握各种连接导线及联锁的符号</td><td>10</td><td></td></tr>
<tr><td rowspan="3">素质</td><td>出勤情况</td><td>出勤</td><td>缺课（　　）</td><td>5</td><td></td></tr>
<tr><td colspan="3">任务书完成情况</td><td>10</td><td></td></tr>
<tr><td colspan="3">任务展示态度积极，口齿清楚，仪态得体</td><td>10</td><td></td></tr>
<tr><td colspan="4">作业</td><td>10</td><td></td></tr>
<tr><td rowspan="4">自评</td><td rowspan="2">自我反思
（自填）</td><td colspan="3"></td><td>—</td><td>—</td></tr>
<tr><td colspan="3"></td><td>—</td><td>—</td></tr>
<tr><td>完成情况</td><td colspan="2">完整（5 分）</td><td>自主（5 分）</td><td>10</td><td></td></tr>
<tr><td>展示汇报</td><td colspan="2">是</td><td>否</td><td>5</td><td></td></tr>
<tr><td rowspan="2">互评</td><td>完成情况</td><td colspan="3">能积极参与讨论，完成任务书</td><td>10</td><td></td></tr>
<tr><td>展示汇报</td><td colspan="3">能够组内积极进行任务展示</td><td>10</td><td></td></tr>
<tr><td colspan="5">总　分</td><td>100</td><td></td></tr>
</table>

一、判断题

1. 图纸是表示信息的一种技术文件，必须有一定的格式和共同遵守的规定。(　　)
2. 图形符号的方向可根据图面布置的需要旋转或成镜像放置。(　　)
3. 图纸的纵向位置用数字表示。(　　)
4. 电器的线圈、常开联锁、常闭联锁不可以用相同的字母表示。(　　)
5. 主电路与控制电路的导线编号按照同一顺序编写。(　　)
6. 电路图就是电气原理图。(　　)
7. 电气原理图中应标示出元件的尺寸、位置。(　　)
8. 安装图表示电路原理及元件的控制关系。(　　)
9. 接线图中同一元件的线圈、触点以同一文字符号标注。(　　)

二、选择题

1. 电压互感器在系统图中文字符号为(　　)。

A. TA　　B. TV　　C. TB　　D. TC

2. 电气工程图的图幅规格分 5 类，为 A0～A4，其中 A3 图纸的图幅尺寸为(　　)。

A. 841 mm×1 189 mm　　B. 594 mm×841 mm

C. 420 mm×594 mm　　D. 297 mm×420 mm

3. 双字母符号是由一个表示种类的单字母符号与一个表示功能的字母组成，如(　　)表示断路器。

A. QA　　B. QS　　C. QF　　D. QM

三、综合题

1. 在电力机车控制电路题图 2-8 中找到所有 465 线，注明其所在图区的位置。

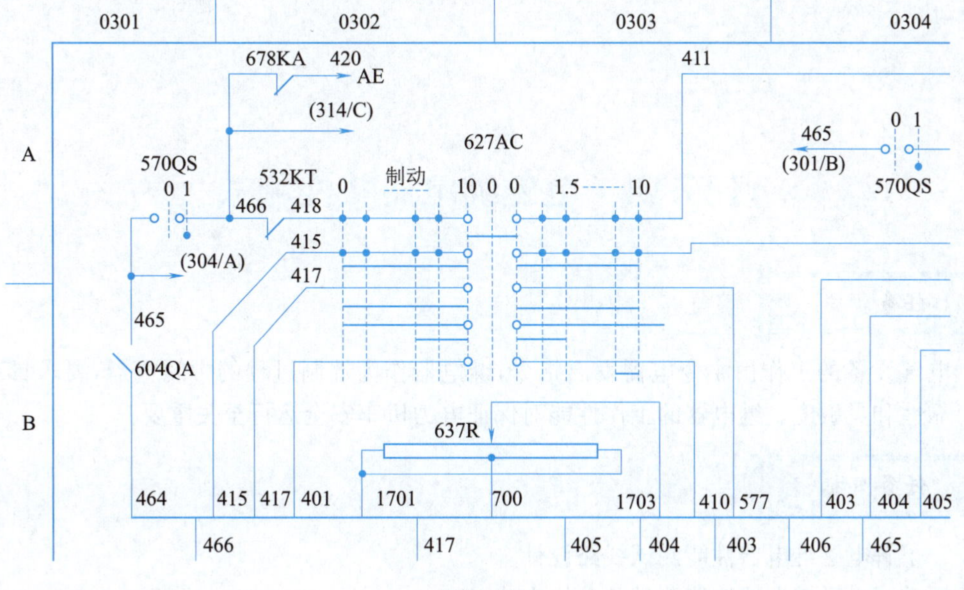

题图 2-8

2. 题图 2-9 所示为电力机车的主电路网侧电路，请分析电路，回答以下问题：

(1)题图 2-9 中电路涉及哪几种电压？是直流电还是交流电？电压是多少？

(2)识别电路中的电气符号，写出名称和数量。

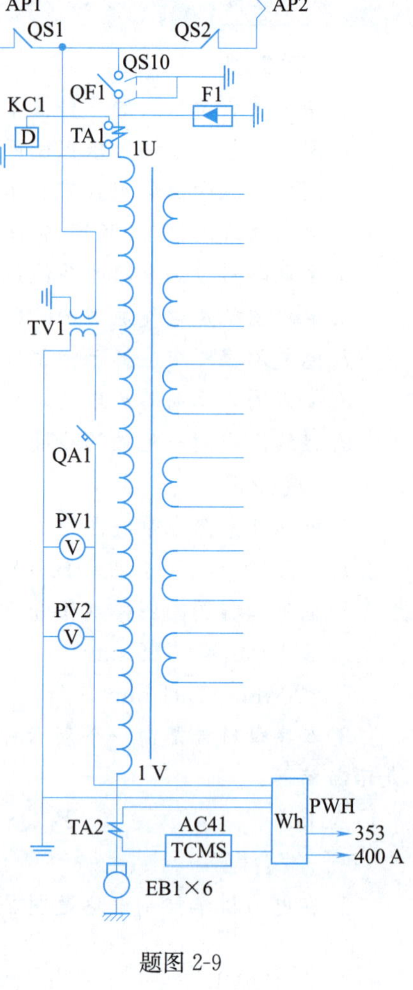

题图 2-9

任务四　电磁继电器特性测试

电气设备的工作由主令电器发出指令，继电器作为控制过程的中间电器，要求具有较高可靠性和灵敏度。继电器的工作性能对保证电力机车安全运行至关重要。

1. 了解电磁继电器性能测试线路设计。
2. 掌握电磁继电器性能测试与分析方法。

一、低压电器的分类

低压电器可分为低压配电电器和低压控制电器两大类，见表 2-15。

表 2-15　低压电器的分类

名　称		作　用
配电电器	开关电器	用于不频繁地接通和分断电路
	熔断器	用于线路或设备的短路和过载保护
控制电器	接触器	用于远距离频繁地启动或控制交直流电机以及接通或分断电路
	继电器	用于控制系统中，控制其他电器动作或主电路保护
	按钮开关	用于发布命令或程序控制以接通、分断电路
	行程开关	用于根据位置控制电路接通、分断电路

二、低压开关

低压开关主要用作隔离、转换以及接通和分断电路用，主要有刀开关、拨盘开关和自动空气开关等。电气符号如图 2-20 所示。

1. 空气断路器

空气断路器也叫自动空气开关。作为接通和断开主电路的开关电器；在不正常运行时，可用来对主电路进行过载、短路和欠压保护，自动断开电路。所以，万能式自动空气断路器既是一种开关电器，又是一种保护电器。图 2-21 所示为智能式万能断路器。

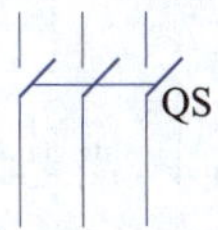

图 2-20　低压开关的电气符号

图 2-21　智能式万能断路器

一般选用额定电流等于或大于电路最大工作电流的额定电流 3 倍的三极开关。

2. 低压断路器(自动空气断路器)

低压断路器能实现过载、短路、欠压保护过热保护等功能。它有框架式(万能式) DW 和塑料外壳式(装置式) DZ 两种系列。自动空气断路器外观如图 2-22 所示，图 2-23 所示为几种常见的低压断路器。

图 2-22 自动空气断路器

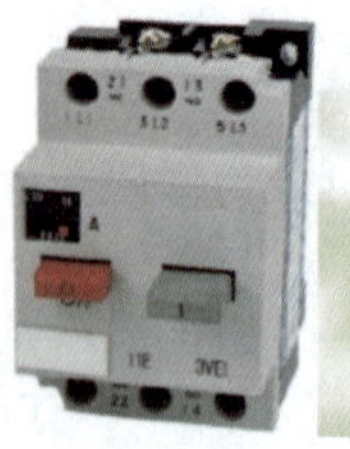

图 2-23 几种常见的低压断路器

低压断路器结构及工作原理如图 2-24 所示。

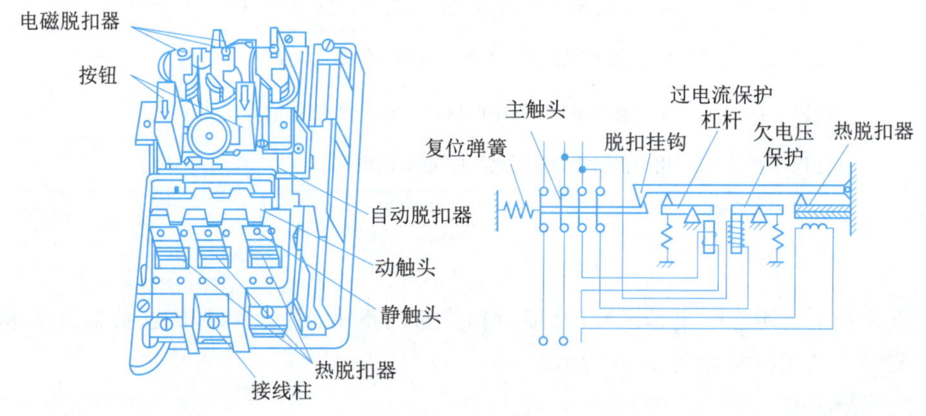

图 2-24 低压断路器的结构与工作原理

(1)短路与过载保护。当电流过大时,过流电磁铁吸引过流保护杠杆推开脱扣挂钩,复位弹簧拉开主触头的触点,切断三相电源。

(2)欠压保护。当电压过低时,欠压电磁铁吸力不足,欠电压保护在复位弹簧作用下推开脱扣挂钩,电源断开。

(3)过热保护。当电流造成过热时,热脱扣器双金属片向上弯曲推开脱扣挂钩,电源断开。

三、熔断器

1. 熔断器作用

熔断器用于短路保护。使用时将其串联在被保护的电路中,当电路发生短路或严重过载时,其熔体熔断,自动切断电路,从而达到保护的目的。图 2-25 所示为几种常见的熔断器。

2. 熔断器的选择

(1)需根据使用环境和负载性质选择适当类型的熔断器。

(2)熔断器额定电压须大于或等于电路的额定电压。

(3)熔断器的额定电流必须大于或等于所装熔体的额定电流。

(4)熔断器的分断能力应大于或等于电路可能出现的最大短路电流。

(5)熔断器在电路中上、下两级的配合应有利于实现选择性保护。

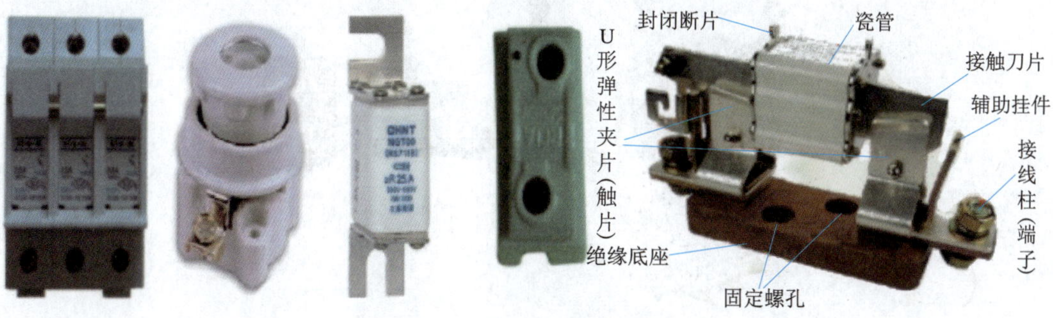

图 2-25　几种常见的熔断器

3. 熔体额定电流的选择

(1)电灯支线的熔体。熔体额定电流≥支线上所有电灯的工作电流之和。

(2)一台电动机的熔体。熔体额定电流≥电动机的起动电流÷(1.5～2.5)。

(3)几台电动机合用的总熔体。熔体额定电流=(1.5～2.5)×容量最大的电动机的额定电流+其余电动机的额定电流之和。

四、主令电器

主令电器是在自动控制系统中发出指令或信号的操纵电器。它主要用来切换控制电路,使电路接通或分断,实现对电力拖动系统的各种控制,以满足生产机械的要求。常用的主令电器有按钮开关、行程开关等。

1. 按钮开关

按钮开关是一种结构简单的主令电器,手压下动作,手松开自动复位。它主要用于接通和分断 5 A 以下的小电流电路。按用途和触点结构的不同,按钮分启动按钮、停止按钮和复合按钮。图 2-26 所示是几种常见的按钮开关。图 2-27 所示是其电气符号与结构示意图。

图 2-26　几种常见的按钮开关

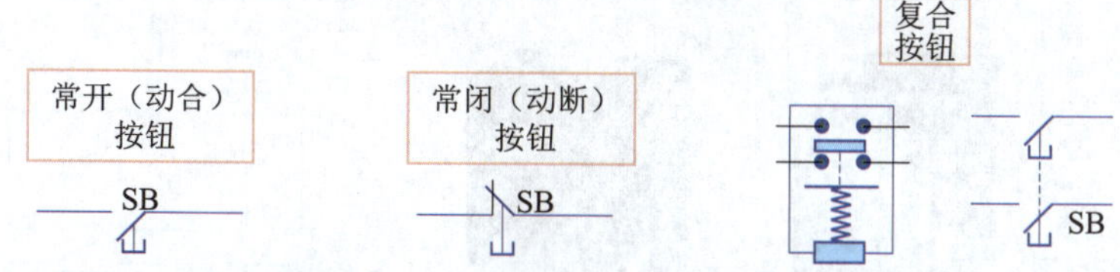

图 2-27　按钮开关的电气符号与结构示意图

2. 行程开关

行程开关用作电路的限位保护、行程控制、自动切换等,其结构与按钮类似,但其动作要由机械撞击而发生。图 2-28 为各种行程开关及其电气符号。

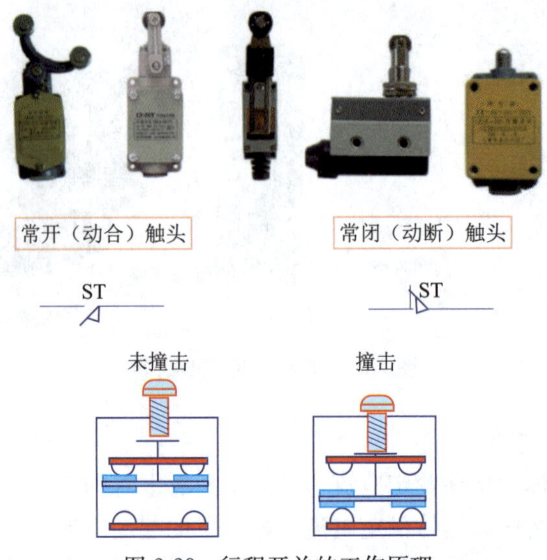

图 2-28　行程开关的工作原理

五、接触器

接触器是用于中远距离频繁地接通或断开交直流主电路及大容量控制电路的自动控制电器，它具有欠压和失压保护功能。接触器按其主触点通过电流的种类，可分为交流接触器和直流接触器两种。图 2-29 是几种三相电磁接触器。

各种接触器均由感测机构、执行机构和保护机构三部分组成。

感测机构：即传动装置，用来接受信号，进行比较，带动并指挥触头执行任务。

执行机构：即触头系统，用来断开、接通电路。

保护机构：即灭弧装置，用来保护电器。

电磁接触器的工作原理：线圈通电时产生电磁吸引力将衔铁吸下，推杆带动动触头移动，使常开触点闭合，常闭触点断开。线圈断电后电磁吸引力消失，衔铁依靠弹簧拉力移动，使触点恢复到原来的状态。电磁接触器的结构如图 2-30 所示。

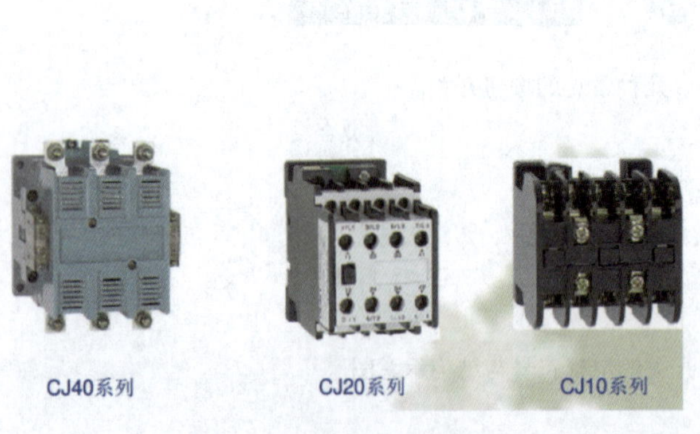

图 2-29　几种三相电磁接触器

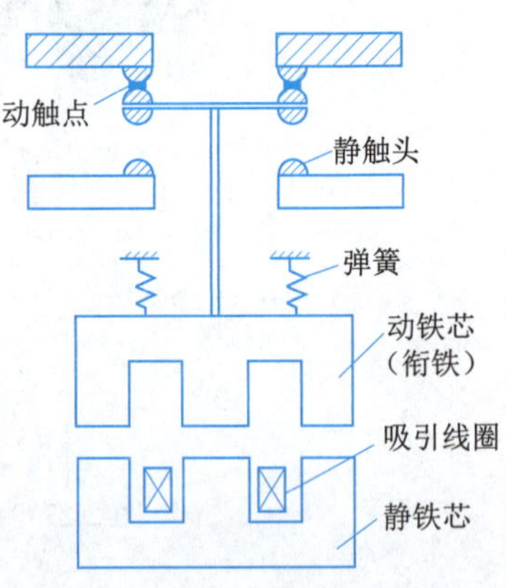

图 2-30　电磁接触器结构

图 2-31 所示为接在电动机电路中的接触器原理图。

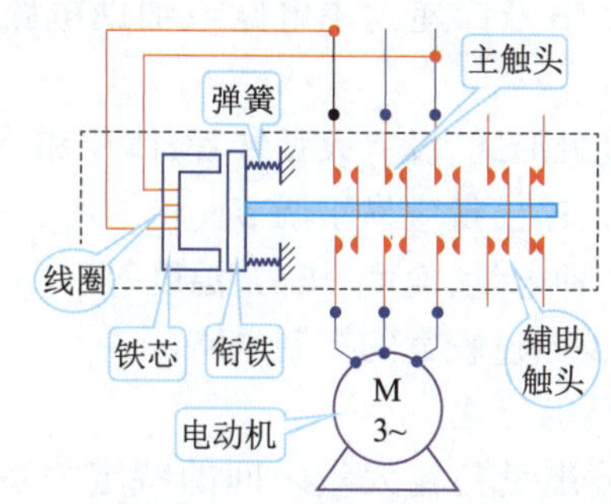

图 2-31　接在电动机主电路中的三相接触器

图 2-32 所示为接触器的电气符号。

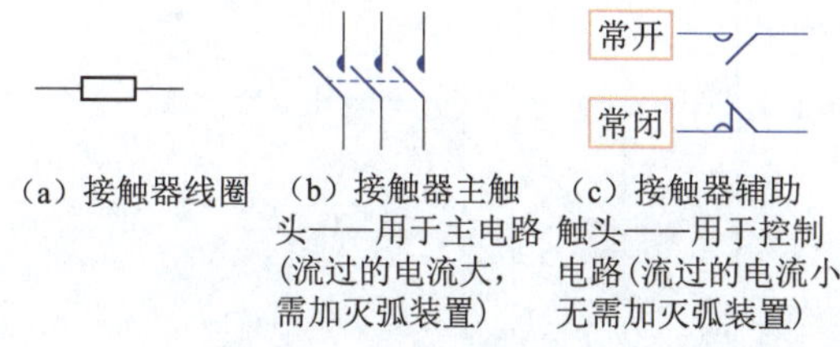

(a) 接触器线圈　(b) 接触器主触头——用于主电路(流过的电流大,需加灭弧装置)　(c) 接触器辅助触头——用于控制电路(流过的电流小,无需加灭弧装置)

图 2-32　接触器的线圈、主触头、辅助触头的电气符号

六、继电器

继电器和接触器的工作原理一样。主要区别在于,接触器的主触头可以通过大电流,而继电器的触头只能通过小电流。所以,继电器只能用于控制电路中。

继电器由感测部分与执行部分组成。感测部分用于接收并比较输入信号,以驱动执行部分完成控制功能。常见的继电器大致可以分为中间继电器、电压继电器、电流继电器、时间继电器(具有延时功能)、热继电器(做过载保护)等。图 2-33 所示为几种常用的继电器。

图 2-33　几种常用的继电器

1. 继电器的特点

继电器将主令电器的控制信号传递到主电路或辅助电路，完成对主、辅电路的控制。与接触器相比，具有以下特点：

(1)触头容量小，采用点接触形式，没有灭弧装置，体积和重量都比较小。

(2)灵敏度要求极高，输入、输出量应易于调节。

(3)能反应多种信号(如各种电量、速度、压力、温度等)，用途很广，外形多样化。

(4)不能用于开断主电路及容量较大的控制电路。

2. 继电器的工作原理和继电特性

继电特性是指继电器的输出量与输入量之间的特定关系，即最基本的输出—输入特性。通过继电器的工作过程可以分析继电特性。

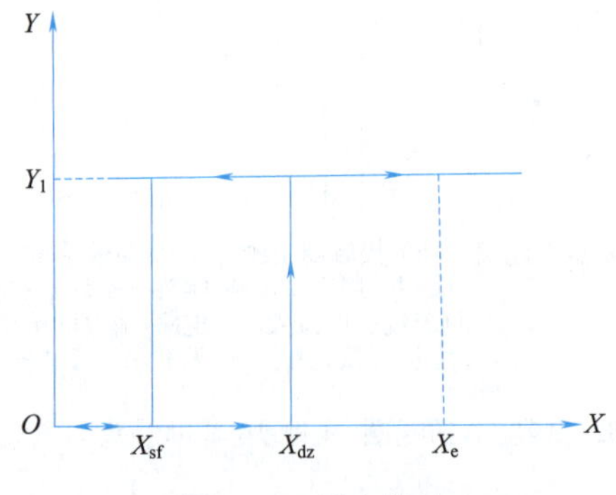

图 2-34　继电特性

图 2-34 为继电器的继电特性，输入量用 X 来表示，输出量用 Y 表示。当输入量 X 从零增加时，在 $X<X_{dz}$ 的过程中，衔铁不吸合，继电器不动作，常开、常闭触头保持不变，输出量 $Y=0$；当 $X=X_{dz}$ 时，衔铁吸合，常开触头闭合，常闭触头断开，输出量即达到 $Y=Y_1$，继续增加 X 到 X_e(额定输入量)，输出仍保持 Y_1(常开触头保持闭合，常闭触头保持断开)。当输入量 X 从 X_e 减少时，在 $X>X_{sf}$ 过程中，常开、常闭触头继续保持不变，输出量保持 Y_1 不变。当 $X=X_{sf}$ 时，输入量产生的吸力不足以吸合衔铁，衔铁释放，常开触头打开，常闭触头闭合，继电器返回通电前的状态，输出量 Y 为零，继续减少输入量 X 到零，输出量 Y 均保持为零状态。

可见，继电特性由连续输入、跃变输出的折线组成，图中 X_{dz} 称为继电器的动作值，X_{sf} 称为继电器的释放值。

3. 继电器的基本参数

(1) 额定参数

额定参数是指输入量的额定值及触头的额定电压、额定电流等。

(2) 动作值

使继电器吸合动作所需要的最小物理量的数值称为动作值，如电流继电器的动作电流、电压继电器的动作电压、风压继电器的动作风压等。

(3) 释放值

使继电器释放动作所需要的最大物理量的数值称为释放值，如电流继电器的释放电流、电压继电器的释放电压、风压继电器的释放风压等。

动作值和释放值又称为继电器的动作参数。

(4) 整定参数

整定参数是指继电器可以调节的参数。调节继电器动作参数的过程叫继电器的整定。凡是有动作参数要求的继电器，一般都可以调整，如时间继电器的延时时间，电流继电器的动作电流，电压继电器的动作电压等。

(5) 返回系数

返回系数是指继电器输入量的释放值与动作值之比，用 K_{fh} 表示，即

$$K_{fh}=\frac{X_{sf}}{X_{dz}}$$

返回系数是继电器的重要参数之一，其值可调，一般小于 1。返回系数要求越高(即 K_{fh} 值越接近于 1)，说明释放值与动作值越接近，继电器的吸力特性和反力特性配合得越好。

(6) 灵敏度

继电器的灵敏度是指整定好的继电器吸合动作所需要的最小功率或最小安匝数。继电器在安匝数相同时，消耗的功率越小，灵敏度越高。

(7) 动作时间和释放时间

动作时间是指继电器自通电(或接受输入信号)起，到所有触点到达工作状态所经过的时间间隔。

释放时间是指继电器自断电(或失去输入信号)起，到所有触点恢复到释放状态止所经过的时间间隔。

4. 热继电器

热继电器是利用电流的热效应来推动动作机构使触点系统闭合和分断的保护电器。主要用于电动机的过载保护、断相保护及电流不平衡运行保护。图 2-35 所示是几种热继电器。

图 2-35　几种热继电器

(1)热继电器结构及工作原理如图 2-36 所示。

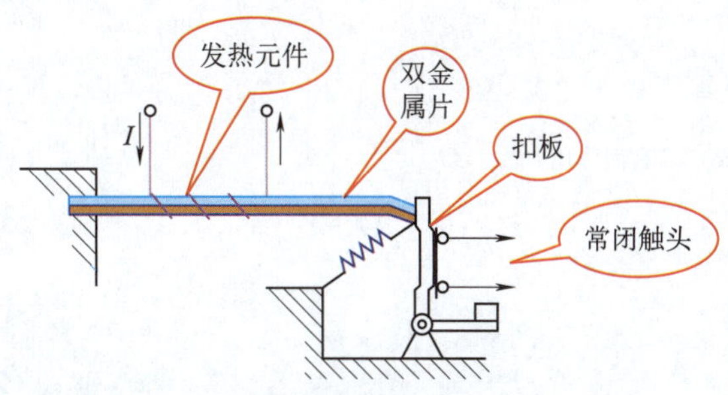

图 2-36　热继电器的结构及工作原理

发热元件接入电动机主电路，若长时间过载，双金属片被烤热。因双金属片的下层膨胀系数大，使其向上弯曲，扣板被弹簧拉回，常闭触头断开。图 2-37 所示是接在电路中的热继电器(FR)原理图。

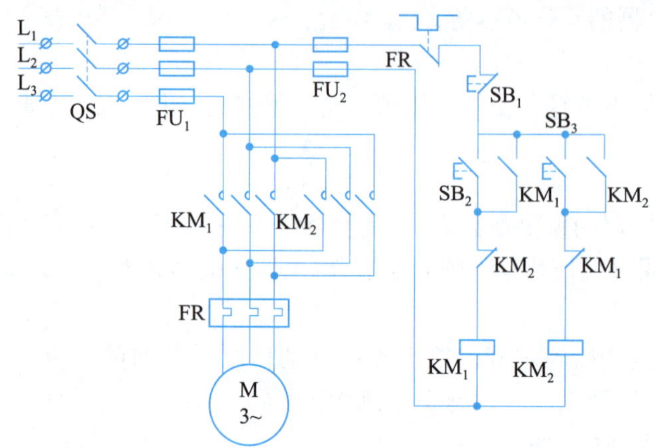

图 2-37　电路中的热继电器(FR)

(2)热继电器的选用

①根据负载性质选择热继电器的类型。

②热继电器的额定电流应等于或稍大于电动机的额定电流。

③热继电器整定电流应等于 0.95～1.05 倍电动机的额定电流。

④对于三角形接法电动机的保护，应采用三相带断相保护的热继电器。

⑤对于三角形接法电动机的过载保护，当热继电器串接在电动机的相电路中时，其整定电流应等于 0.58 倍电动机的额定电流。

按照任务书要求完成相应内容，见表 2-16。

表 2-16　学习任务书—电磁继电器特性测试

班级		姓名		组别		日期	
1. 根据任务信息完成下列引导问题 (1)继电器的作用是什么? (2)继电器由哪些部分组成？各有何作用?							

续上表

(3)电磁继电器的主要技术参数有哪些?

2. 任务实施

(1)根据任务需要,设计一个电磁继电器的参数测试电路(题图 2-10)。

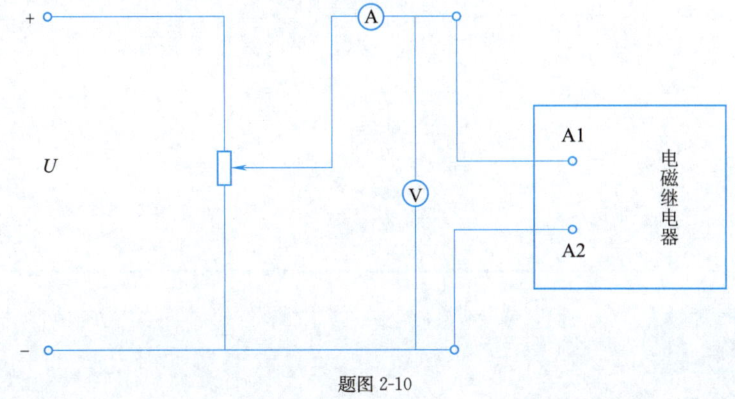

题图 2-10

(2)测试设备与工量具。

(3)测试步骤。

①按照测试电路接线,检查无误后接通电源。

②逐渐升高输入电压,观察并记录接触器的吸合电压。

③逐渐降低输入电压,观察并记录接触器的释放电压。

反复上述过程,记录测试数据。

续上表

参 数	吸合电压			释放电压		
	第一次	第二次	第三次	第一次	第二次	第三次
U(V)						
A(A)						
(4)测试数据分析。 分析测试数据,画出继电特性曲线。						

根据任务完成情况,填写表 2-17。

表 2-17 任务评价表—电磁继电器性能测试

项目		评价内容			满分	得分
师评	知识能力	掌握电磁继电器的工作原理			10	
		掌握继电器测试目的			10	
		掌握继电器测试数据分析正确			10	
	素质	出勤情况	出勤	缺课(　　)	5	
		任务书完成情况			10	
		任务展示态度积极,口齿清楚,仪态得体			10	
	作业				10	
自评	自我反思(自填)				—	—
					—	—
	完成情况	完整(5 分)	自主(5 分)		10	
	展示汇报	是	否		5	
互评	完成情况	能积极参与讨论,完成任务书			10	
	展示汇报	能够组内积极进行任务展示			10	
总 分					100	

一、判断题

1. 接触器是一种开关电器，它的特点是可以进行远距离控制，能开断较大电流，动作次数频繁。(　　)

2. 触头处于断开位置时，动、静触头之间的最小距离称为触头的开距。(　　)

3. 涡流会引起铁芯发热。(　　)

4. 接触器没有灭弧罩也可正常工作。(　　)

5. 常开触头是指经常打开的触头，常闭触头是指经常闭合的触头。(　　)

6. 为了减小电弧对触头及电器的烧损，通常希望熄弧时间越短越好。(　　)

7. 电器工作时，发热和散热同时存在于电器发热过程中。(　　)

8. 电路的通断和转换是通过电器中的执行部件，主要是其触头来实现。(　　)

9. 触头闭合后，其接触处有一定的压力，称为触头压力。(　　)

10. 触头是直接接通或断开电路的零件。(　　)

二、选择题

1. 电弧主要在触头的(　　)时产生。

A. 闭合过程　　B. 闭合状态　　C. 开断过程　　D. 断开状态

2. 在接触器中，衔铁在磁场中受到电磁吸力的作用被吸向铁芯，从而驱动(　　)动作。

A. 触杆　　B. 阀门　　C. 触头　　D. 阀杆

3. 接触器应满足在(　　)额定控制电压下能正常工作。

A. 75%　　B. 80%　　C. 85%　　D. 90%

4. 接触器触头熔焊会出现(　　)。

A. 铁芯不吸合　　B. 铁芯不释放　　C. 线圈烧坏　　D. 线圈短路

5. (　　)不是接触器断电后不释放的原因。

A. 反作用力太小　　B. 剩磁过小

C. 触头熔焊　　D. 铁芯极面有油污或尘埃

6. (　　)不会造成接触器的触头严重发热或熔焊。

A. 超程过小　　B. 闭合过程中振动过于剧烈

C. 接触压力太大　　D. 触头分断能力不足

7. 电磁式继电器的结构不包括(　　)。

A. 电磁机构　　B. 主触头　　C. 灭弧装置　　D. 楔形触头

8. 容量较小的交流接触器采用(　　)装置。

A. 栅片灭弧　　B. 双断口触点灭弧　　C. 磁吹灭弧　　D. 电动力灭弧

9. 交流接触器可用在(　　)中。

A. 交流电路　　B. 直流电路

C. 交、直流电路均可　　D. 只能用在正弦电路

10. 接触器的触头处于断开状态时，必须有足够的(　　)以保证可靠熄灭电弧和开断电路。

A. 超程　　B. 研距　　C. 开距　　D. 终压力

任务五　时间继电器延时时间调整

任务描述

设计一个使用401型电秒表测试时间继电器延时时间的电路，根据测试结果对延时时间进行调整。

任务目标

1. 设计一个使用401型电秒表测试时间继电器延时时间的电路。
2. 学会调整时间继电器的延时时间。

任务信息

一、时间继电器

当电路中存在多台电动机同时工作的情况时，为避免多台电机同时启动造成的网压波动过大，往往采用时间继电器来控制电机顺序延时启动。

时间继电器是一种利用电磁原理或机械动作原理来延迟触点闭合或断开时间的控制电器，在电路中起控制动作时间的作用。图2-38所示是几种时间继电器。图2-39所示为时间继电器的线圈与延时触点的电气符号。

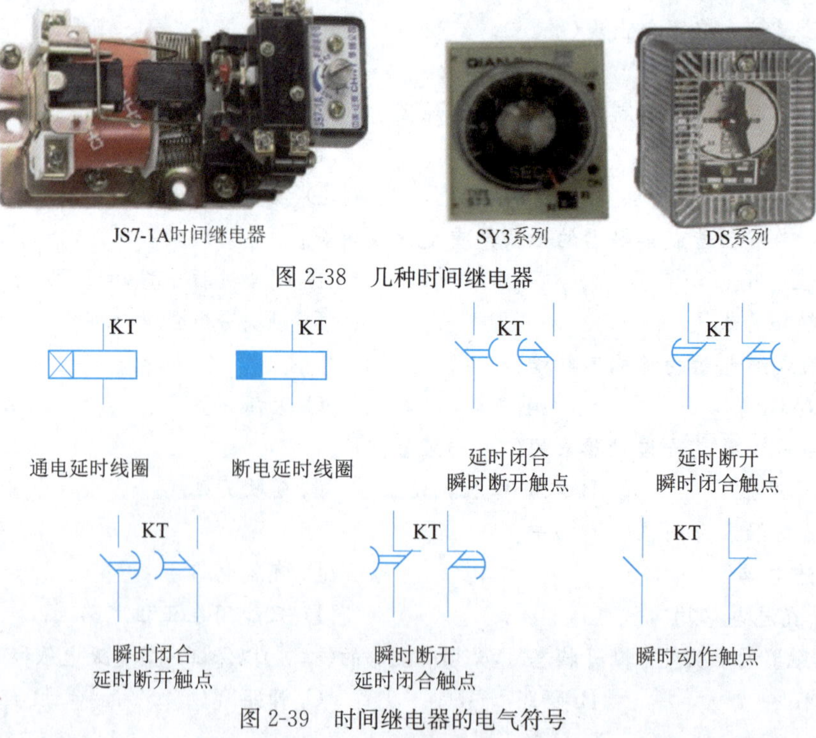

图2-38　几种时间继电器

图2-39　时间继电器的电气符号

二、电磁式时间继电器延时时间的调整

1. JT3 系列时间继电器的结构

韶山系列电力机车上采用 JT3 系列直流电磁式时间继电器作为控制电路中的时间控制环节元件，主要用作衔铁延时释放。JT3 系列时间继电器分为三个时间级：1 s（0.3～0.9 s）；3 s（0.8～3 s）；5 s（2.5～5 s）。

JT3 系列继电器的结构如图 2-40 所示。电磁系统由 U 形静铁芯 3、板状衔铁 6 和吸引线圈 10 组成。其铁芯和磁轭采用整根的棒状电工软钢弯制而成，铁芯和磁轭连成一片，然后浇铸在铝基座上，从而减小了装配气隙，降低了磁阻，有利于提高继电器的灵敏度。板状衔铁装在磁轭端部，可绕棱形支点转动，形成拍合式动作。铁芯端部套的是圆环状的极靴 9。在衔铁内侧与铁芯相接触处，装有一非磁性垫片 7，此垫片使衔铁闭合时与铁芯间保持一定的距离，即衔铁与铁芯间有一定数值的磁阻，以防止衔铁在闭合状态下，当吸引线圈断电时，剩磁将衔铁“粘住”，引起继电器不能正常释放而造成事故。时间继电器的延时作用是依靠套装在磁轭上的阻尼套筒 2（一般为铜套或铝套）来保证。继电器断电时，可借助于反力弹簧 4 的作用使衔铁 6 打开。

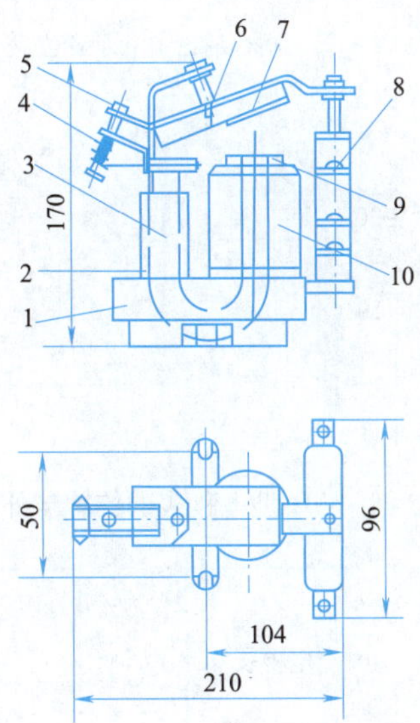

图 2-40　JT3 系列时间继电器（单位：mm）

1—底座；2—阻尼套筒；3—铁芯；4—反力弹簧；5—反力弹簧螺母；6—衔铁；7—非磁性垫片；8—触头组；9—极靴；10—吸引线圈

2. 延时原理

时间继电器是利用线圈断电时，通过电磁感应作用，在阻尼套筒的作用下，减缓铁芯内磁通的衰减，达到衔铁延缓释放的延时作用。

3. 延时时间的调整

时间继电器的延时整定必须在选定的时间等级范围内。不同时间等级之间的调节（即大范围调节）采用更换阻尼套筒来实现。每一等级的延时对应专用的阻尼套筒。在同一等级的延时范围内调整，有两种方法：一种是更换不同厚度的非磁性垫片，即改变衔铁闭合后

的工作气隙，增加垫片的厚度可减少延时时间，反之将增加延时时间。非磁性垫片为磷铜片材料，厚度为 0.1 mm、0.2 mm、0.3 mm，这种延时调节方法为阶梯形，属于粗调。另一种为改变反力弹簧的松紧程度，反力弹簧越紧，延时时间越短，反之会延长。这种方法可以达到平滑连续调节，是对延时时间的细调。但反力弹簧不能调节的太松，否则衔铁有可能因剩磁吸住不能释放，造成故障。

三、401 型电秒表

401 型电秒表是一种指针式秒表，可以测量任何机械触点的连续和触动时间，各种继电器、开关、接触器的动作时间（吸合、释放、转换）等各种时间参数。图 2-41 所示为 401 型电秒表的铭牌与外观。

401 型电秒表可以使用单相交流 220 V 和 110 V 两种电源，面板上的Ⅰ、Ⅱ、Ⅲ三个接线柱分别是 S_1、S_2 开关的接线端，在选择开关处于触动位置时，S_1 导通开始计时，S_2 接通时停止计时。这样可以测量两个触点接通之间的时间。其他功能可以参照测量方法。接线参照电路，如图 2-42所示。

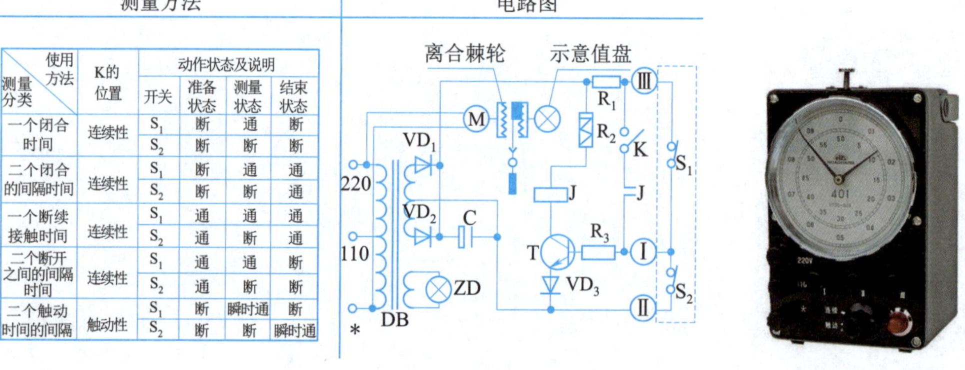
测量方法

测量分类 \ 使用方法	K的位置	动作状态及说明			
		开关	准备状态	测量状态	结束状态
一个闭合时间	连续性	S_1	断	通	断
		S_2	断	断	断
二个闭合的间隔时间	连续性	S_1	断	通	通
		S_2	断	断	通
一个断续接触时间	连续性	S_1	通	通	通
		S_2	通	断	通
二个断开之间的间隔时间	连续性	S_1	通	通	断
		S_2	通	断	断
二个触动时间的间隔	触动性	S_1	断	瞬时通	断
		S_2	断	断	瞬时通

图 2-41　401 型电秒表的铭牌与外观

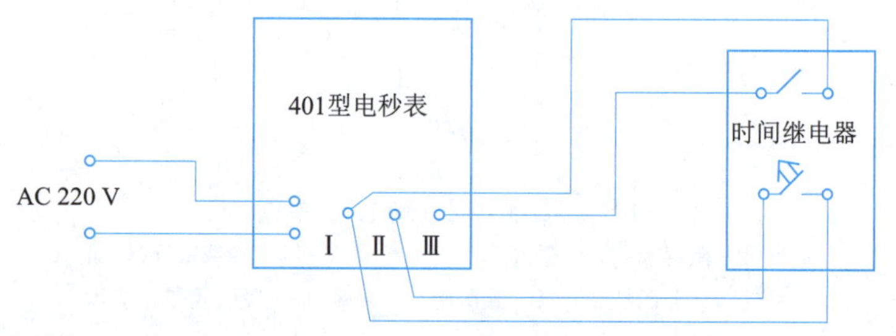

图 2-42　用 401 型电秒表测试延时时间的电路

按照任务书要求完成相应内容，见表 2-18。

表 2-18　学习任务书—时间继电器延时时间调整

班级		姓名		组别		日期	

1. 根据任务信息完成下列引导问题

(1)时间继电器如何分类?

(2)多台电动机的启动为什么要间隔一定时间?一般间隔时间设定为多少?

(3)时间继电器的延时触点有哪几种?

(4)如何调整时间继电器的延时时间?

2. 任务实施

(1)设计一个时间继电器延时时间的测试电路。

(2)接线前测试本任务所需设备,并将设备型号等信息填入表格。

续上表

序号	名称	型号	数量	备注
1	时间继电器		1	
2	401 型电秒表		1	
3	电秒表交流电源		1	
4	时间继电器电源		1	
5	导线		若干	

(3)检查接线无误后接通电源,启动继电器延时计时,记录延时误差并调整后再次测量。将测试记录填入下表。

整定时间	测试误差	第一次调整	第二次调整	第三次调整	误差率

(4)总结延时时间误差调整的方法。

根据任务完成情况,填写表 2-19。

表 2-19 任务评价表—时间继电器延时时间调整

<table>
<tr><th colspan="2">项目</th><th colspan="3">评价内容</th><th>满分</th><th>得分</th></tr>
<tr><td rowspan="7">师评</td><td rowspan="3">知识能力</td><td colspan="3">掌握时间继电器的各种延时联锁符号</td><td>10</td><td></td></tr>
<tr><td colspan="3">掌握测试电路接线</td><td>10</td><td></td></tr>
<tr><td colspan="3">掌握测试结构分析及调整方法</td><td>10</td><td></td></tr>
<tr><td rowspan="3">素质</td><td>出勤情况</td><td>出勤</td><td>缺课(　　　)</td><td>5</td><td></td></tr>
<tr><td colspan="3">任务书完成情况</td><td>10</td><td></td></tr>
<tr><td colspan="3">任务展示态度积极,口齿清楚,仪态得体</td><td>10</td><td></td></tr>
<tr><td colspan="4">作业</td><td>10</td><td></td></tr>
</table>

续上表

<table>
<tr><th colspan="2">项目</th><th colspan="2">评价内容</th><th>满分</th><th>得分</th></tr>
<tr><td rowspan="4">自评</td><td rowspan="2">自我反思（自填）</td><td colspan="2"></td><td>—</td><td>—</td></tr>
<tr><td colspan="2"></td><td>—</td><td>—</td></tr>
<tr><td>完成情况</td><td>完整(5分)</td><td>自主(5分)</td><td>10</td><td></td></tr>
<tr><td>展示汇报</td><td>是</td><td>否</td><td>5</td><td></td></tr>
<tr><td rowspan="2">互评</td><td>完成情况</td><td colspan="2">能积极参与讨论,完成任务书</td><td>10</td><td></td></tr>
<tr><td>展示汇报</td><td colspan="2">能够组内积极进行任务展示</td><td>10</td><td></td></tr>
<tr><td colspan="4">总　分</td><td>100</td><td></td></tr>
</table>

1. 请分别画出通电延时型和断电延时型时间继电器的电气符号。

2. 请按照水平方向和竖直方向两种情况画出延时断开的常开联锁符号。

3. 401型电秒表的转换开关有何作用？面板上的三个接线柱之间的通断关系如何设置？

任务六　荧光灯电路的装调

荧光灯电路是典型的由电容、电感元件构成的电路，当接通电源时，利用电容的特性启动辉光启动器（俗称“启辉器”），瞬间断开电路时，利用电感的电磁感应原理产生较高自感电动势的特性，实现电路的完全接通。

在学习荧光灯电路结构的基础上，掌握荧光灯电路的工作原理和安装与调试的方法。

1. 熟悉荧光灯电路的组成元件的特性。
2. 理解荧光灯电路的工作原理。
3. 学会荧光灯电路的安装与调试。

一、荧光灯安装电路组成元件

1. 荧光灯管

荧光灯管是一个在真空情况下充有一定数量的氩气和少量水银的玻璃管，管的内壁涂有荧光材料，两个电极用钨丝绕成，上面涂有一层加热后能发射电子的物质。管内氩气既可帮助灯管点燃，又可延长灯管寿命，如图 2-43 所示。

图 2-43　荧光灯管

2. 镇流器

镇流器又称限流器（图 2-44），是一个带有铁芯的电感线圈，其作用有如下两种。

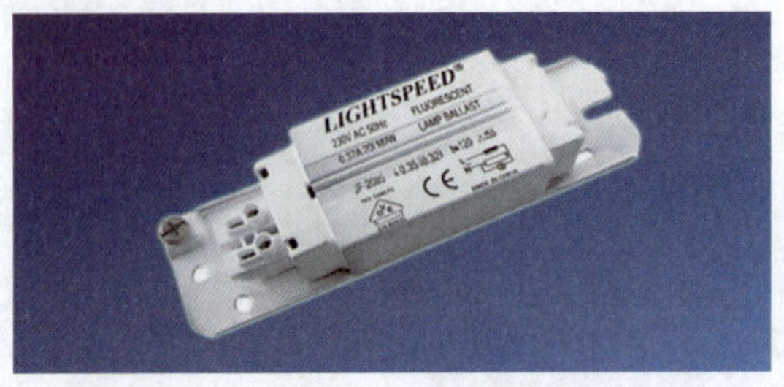

图 2-44　镇流器

(1)在灯管启动瞬间产生一个比电源电压高得多的自感电压帮助灯管启动。

(2)灯管工作时限制通过灯管的电流不致过大而烧毁灯丝。

3. 辉光启动器

它由一个启辉管(氖泡)和一个小容量的电容组成。氖泡内充有氖气,并装有两个电极,一个是固定的静触片,另一个是用膨胀系数不同的双金属片制成的倒U形可动的动触片,辉光启动器在电路中起自动开关作用。电容是防止灯管启动时对无线电接收机的干扰。其外形与结构如图2-45所示。

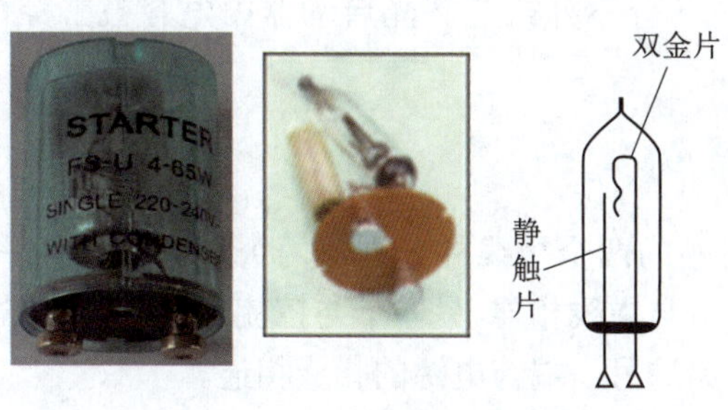

图2-45　辉光启动器

二、荧光灯电路原理

当接通电源瞬间,由于辉光启动器没有工作,电源电压都加在辉光启动器内氖泡的两电极之间。电极瞬间击穿,管内的气体导电,使U形的双金属片受热膨胀伸直而与固定电极接通。这时荧光灯的灯丝通过电极与电源构成一个闭合回路,如图2-46(a)所示。灯丝因有电流(称为起动电流或预热电流)通过而发热,从而使灯丝上的氧化物发射电子。同时,辉光启动器两端电极接通后电极间电压为零,辉光启动器停止放电。由于接触电阻小,双金属片冷却,当冷却到一定程度时,双金属片恢复到原来状态,与固定片分开。

在此瞬间,回路中的电流突然断电,于是镇流器两端产生一个比电源电压高得多的感应电压,连同电源电压一起加在灯管两端,使灯管内的惰性气体电离而产生弧光放电。随着管内温度的逐步升高,水银蒸气游离,并猛烈的碰撞惰性气体而放电。水银蒸气弧光放电时,辐射出紫外线,紫外线激励灯管内壁的荧光粉后发出可见光,如图2-46(b)所示。

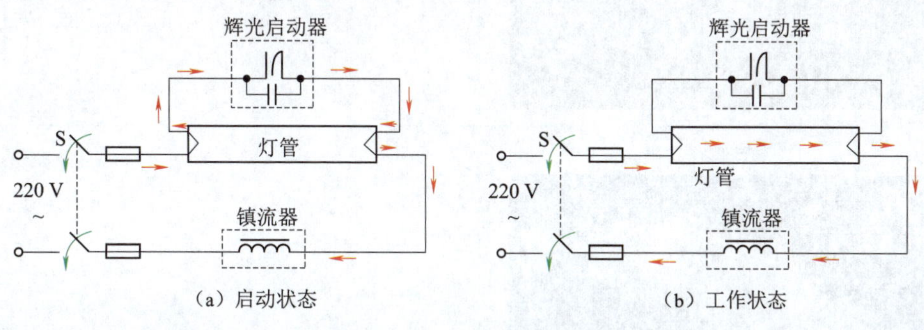

图2-46　荧光灯电路的原理

三、荧光灯的一般故障

(1)灯管出现的故障:灯不亮而且灯管一端或两端发黑,两电极周围的磷光质涂料同时褪落或一端褪落断开。

(2)镇流器故障:一种是镇流器线匝间短路,其电感减小,致使感抗减小,电流过大而烧毁灯管,另一种是镇流器断路使电路不通灯管不亮。

(3)辉光启动器故障:荧光灯接通电源后,只见灯管两头发亮,而中间不亮,这是由于辉光启动器两电极碰黏在一起分不开或是辉光启动器内电容被击穿(短路)。重新换辉光启动器即可。

四、荧光灯电路的装调

安装时,辉光启动器座的两个接线柱分别与两个灯座中的各一个接线柱相连接;两个灯座中另一个接线柱,一个与中线相连,另一个与镇流器的一个线端相连;镇流器的一个线端与开关的一端相连;开关的另一端与电源的相线相连。

经检查安装牢固与接线无误后,启动交流电源,荧光灯应能正常工作。若不正常,则应分析并排除故障。

按照任务书要求完成相应内容,见表 2-20。

表 2-20 学习任务书—荧光灯电路的安装与调试

<table>
<tr><td>班级</td><td></td><td>姓名</td><td></td><td>组别</td><td></td><td>日期</td><td></td></tr>
<tr><td colspan="8">1. 了解荧光灯电路的主要设备,并分析其作用</td></tr>
<tr><td colspan="4">名称</td><td colspan="2">作用</td><td colspan="2">实质</td></tr>
<tr><td colspan="4">荧光灯灯管</td><td colspan="2"></td><td colspan="2"></td></tr>
<tr><td colspan="4">镇流器</td><td colspan="2"></td><td colspan="2"></td></tr>
</table>

续上表

<table>
<tr><td>辉光启动器
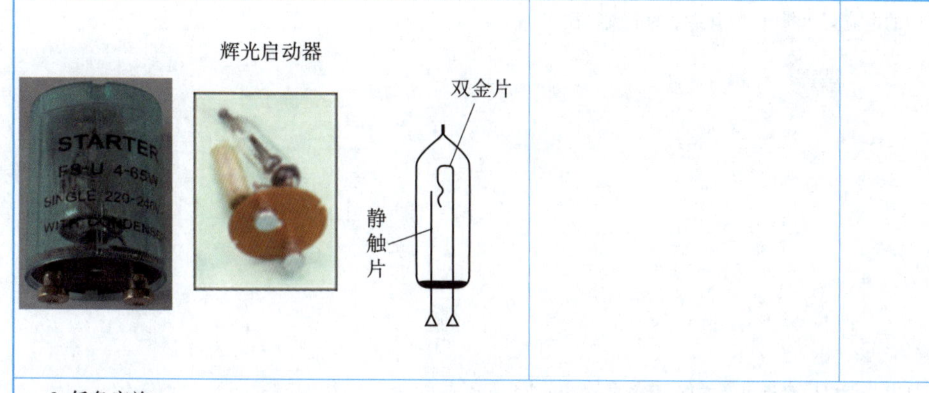
</td><td></td><td></td></tr>
<tr><td colspan="3">2. 任务实施
(1)设计一个荧光灯安装电路。

(2)画出接通电源瞬间，电路中的电流路径。</td></tr>
</table>

续上表

(3)画出回路中的电流突然断电时,电路中的电流路径。

(4)根据荧光灯电路需要检查各电气元件,并将型号填入表中。

序号	名称	型号	数量	备注
1	荧光灯灯管		1	
2	镇流器		1	
3	辉光启动器		1	
4	单联开关		1	
5	开关盒		1	

(5)电路的安装步骤:

①辉光启动器连于灯管两端。

②灯管余下接线柱,一端连中线,一端连镇流器。

③镇流器另一端连接电源。

(6)将荧光灯电路的一般故障的原因填在表中。

故障现象	故障原因
灯不亮而且灯管一端或两端发黑	
灯管不亮且灯管烧毁	
荧光灯接通电源后,只见灯管两头发亮,而中间不亮	

(7)请写出电路的安装与调试过程。

根据任务完成情况，填写表 2-21。

表 2-21　任务评价表—荧光灯电路的装调

<table>
<tr><th colspan="2">项目</th><th colspan="6">评价内容</th><th>满分</th><th>得分</th></tr>
<tr><td rowspan="9">师评</td><td rowspan="4">知识能力</td><td colspan="6">画出荧光灯电路的原理图</td><td>10</td><td></td></tr>
<tr><td colspan="6">掌握荧光灯电路的工作原理</td><td>10</td><td></td></tr>
<tr><td colspan="6">口述辉光启动器、镇流器的元件特性</td><td>15</td><td></td></tr>
<tr><td colspan="6">荧光灯电路的安装与调试方法</td><td>15</td><td></td></tr>
<tr><td rowspan="4">素质</td><td colspan="2">出勤情况</td><td colspan="2">出勤</td><td colspan="2">缺课(　　)</td><td>5</td><td></td></tr>
<tr><td colspan="6">学习资料齐全，遵守课堂纪律</td><td>5</td><td></td></tr>
<tr><td colspan="6">小组讨论、团队合作</td><td>10</td><td></td></tr>
<tr><td colspan="6">任务展示态度积极，口齿清楚，仪态得体</td><td>10</td><td></td></tr>
<tr><td colspan="7">作业</td><td>10</td><td></td></tr>
<tr><td rowspan="4">自评</td><td rowspan="2">自我反思
(自填)</td><td colspan="6"></td><td>—</td><td>—</td></tr>
<tr><td colspan="6"></td><td>—</td><td>—</td></tr>
<tr><td>完成情况</td><td colspan="3">完整(5 分)</td><td colspan="3">自主(5 分)</td><td>10</td><td></td></tr>
<tr><td>是否汇报</td><td colspan="3">是</td><td colspan="3">否</td><td>5</td><td></td></tr>
<tr><td rowspan="2">互评</td><td>完成情况</td><td colspan="6">能积极参与讨论，完成任务书</td><td>10</td><td></td></tr>
<tr><td>展示汇报</td><td colspan="6">能够组内积极进行任务展示</td><td>10</td><td></td></tr>
<tr><td colspan="8">总　　分</td><td>100</td><td></td></tr>
</table>

巩固练习

一、填空题

1. 接通电源瞬间，＿＿＿＿＿＿未投入工作，电源电压都加在辉光启动器内氖泡的＿＿＿＿＿＿之间。

2. 辉光启动器主要是由 U 形的＿＿＿＿＿＿组成，根据金属片受热膨胀伸直而与固定电极接通。

3. 电路在正常工作时，灯管两端电压＿＿＿＿＿＿，30 W 灯管的两端电压约 80 V 左右。

二、判断题

1. 接通电源瞬间，氖泡两电极被瞬间击穿，管内的气体不导电。(　　)

2. 辉光启动器两端电极被接通后，两电极间电压为零，辉光启动器停止放电。(　　)

3. 辉光启动器是通过利用高压导通灯管内部的汞蒸气，使灯管里的汞蒸气导通。(　　)

4. 电路正常接通后灯管内的惰性气体电离而产生弧光放电。随着管内温度的逐步升高，汞蒸气游离。(　　)

三、思考题

辉光启动器闪烁期间，突然断电，再按下开关接通电路，此时灯不亮，可能是什么原因？

项目三 直流电动机装调

直流电动机装调
直流电动机的解体与组装
分类
励磁方式
他励
并励
串励
复励
结构
定子
机座
主磁极
换向极
电刷装置
端盖、轴承
转子
转轴
电枢铁芯
电枢绕组
换向器
气隙
直流电动机调速电路的装调
基础特性
速度特性
转矩特性
效率特性
机械特性
各种直流电动机特性比较
防控转性能比较
负载不均的比较
调速电路
改变电源电压
电枢回路串电阻
磁场削弱

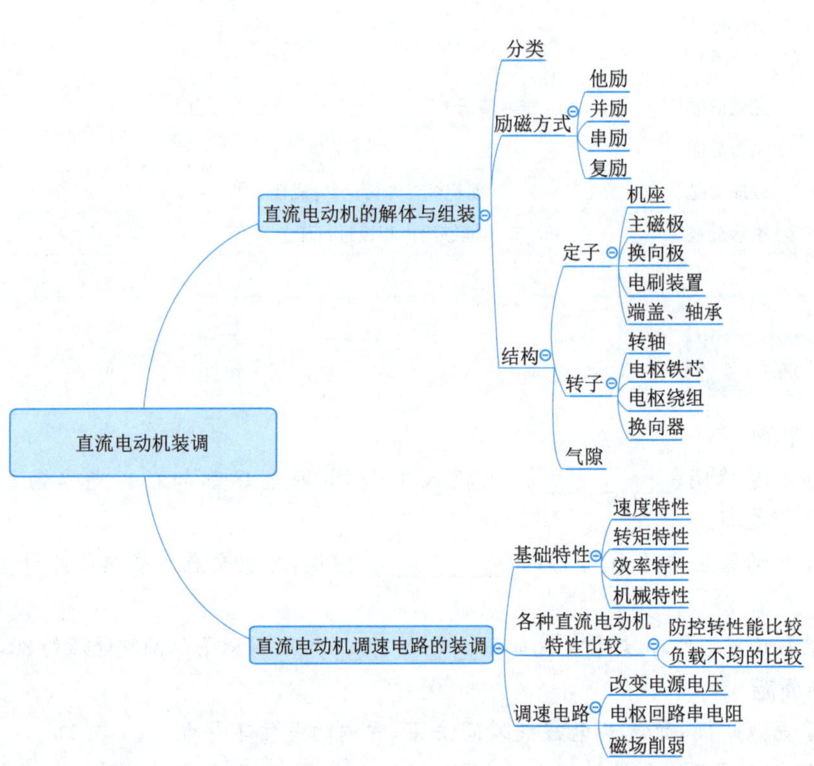

直流电动机以其优越的调速性能在控制领域得到了广泛的应用。在电力机车上，直流串励牵引电机在牵引工况下作为电动机运行，为列车的运行提供牵引力；在动力制动时，串励牵引电机作为他励发电机，为列车提供动力制动力。因此，对于直流电动机的励磁方式的学习，是掌握电力机车上牵引电机运行特性的基础。

学习目标

1. 掌握直流电动机的结构组成。
2. 学习一般工具和专用工具的使用。
3. 掌握直流电动机解体方法。
4. 掌握直流电动机的组装工艺。
5. 掌握直流电动机运行的基本特性。
6. 掌握直流电动机的调速方法。
7. 掌握直流电动机电路的安装与调试方法。

任务一　直流电动机的解体与组装

对直流电动机进行拆解和安装，观察并记录电动机结构和零部件的状态。学习使用各种工具完成电气检修的基本操作技能。

1. 完成直流电动机解体操作。
2. 完成直流电动机部件检修。
3. 完成直流电动机组装操作。

一、电机的分类

电机是电能与机械能相互转换的设备，按能量转换方式可分为电动机和发电机。

(1)电动机：电能→机械能(机械动力)。

(2)发电机：机械能→电能。

直流电动机与直流发电机在结构上是相同的。

二、直流电动机的励磁方式

直流电动机按照励磁方式的不同，分为他励、并励、串励、复励四种。表 3-1 为各种励磁方式的直流电动机。

表 3-1　各种直流电动机的结构原理图

名称	接线图	原理图	说明
他励电动机		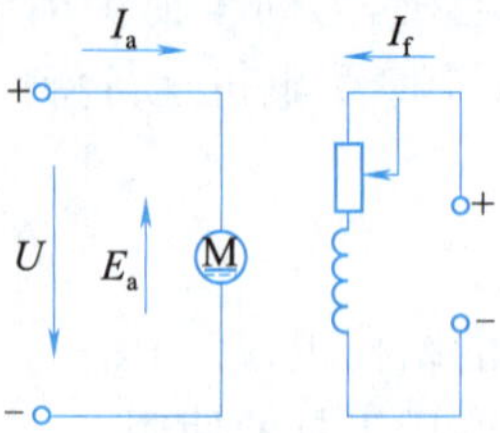	励磁绕组与电枢绕组分别由两个电源供电； 永磁式电动机属于他励电动机
并励电动机		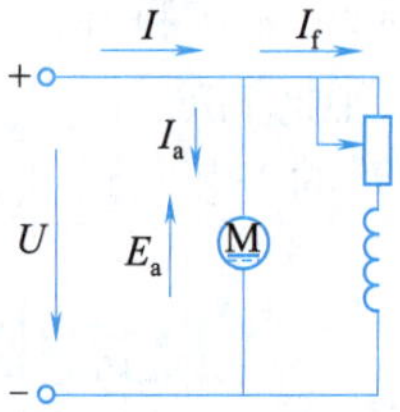	励磁绕组与电枢绕组并联
串励电动机	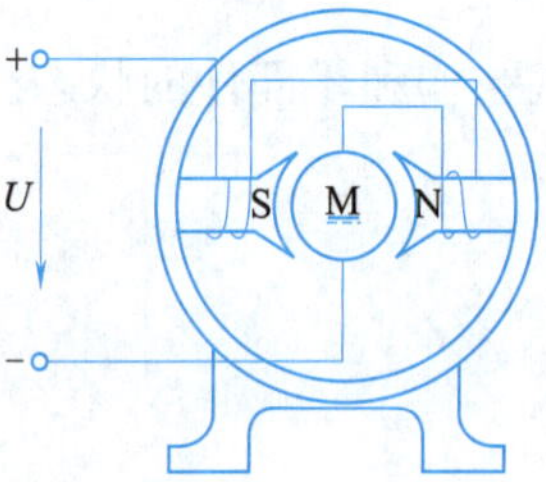	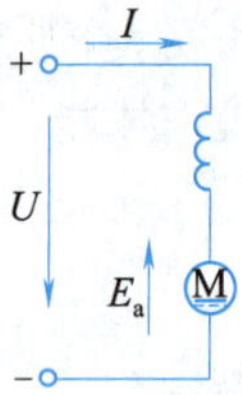	励磁绕组与电枢绕组串联
复励电动机		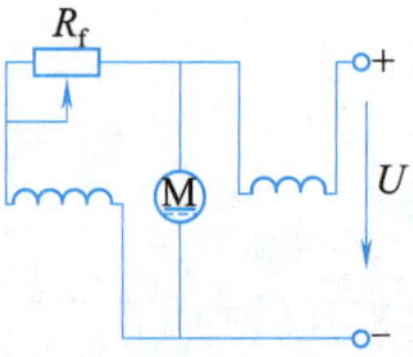	磁极上有两绕组，其中一个绕组与电枢绕组并联，另一个绕组与电枢绕组串联，所以它具有串励与并励电动机两种优点

三、直流电动机的结构

直流电动机的分解结构如图 3-1 所示。

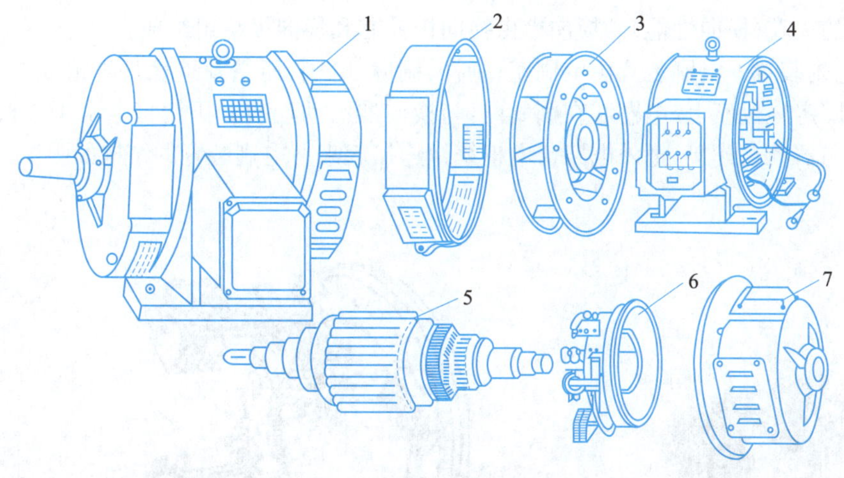

图 3-1　直流电动机结构分解

1—直流电动机组装图；2—后端盖；3—通风器；4—定子；5—转子；6—电刷装置；7—前端盖

1. 定子

定子，顾名思义就是电机的静止部分，它的作用主要是产生磁场和构成磁路，以及作为电机机械的支撑。定子及其磁路如图 3-2 所示。

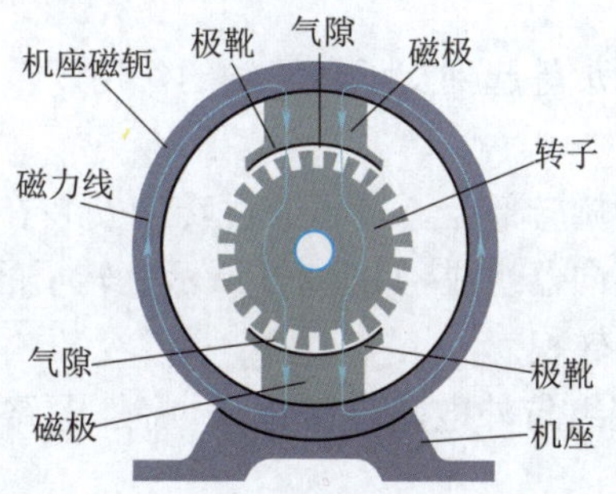

图 3-2　定子及磁路

(1)机座。机座为电机部件的安装提供支撑作用，并构成磁路的一部分。

(2)主磁极。主磁极成对安装在机座上，作用是产生的磁场在电机内部形成回路。主磁极由主极铁芯和主极绕组(励磁绕组)组成，如图 3-3 所示。

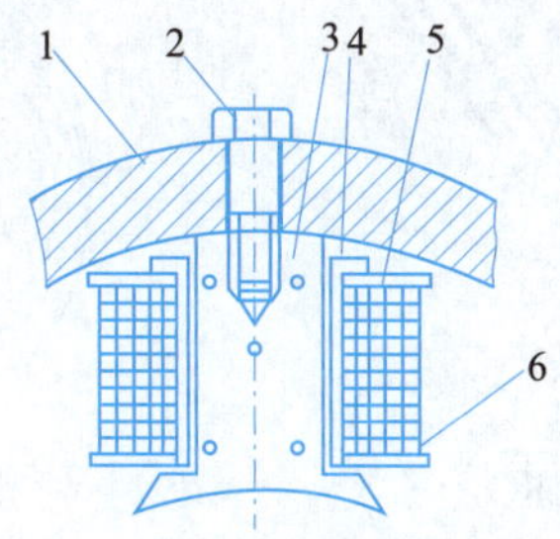

图 3-3　主磁极

1—机座；2—主极螺钉；3—主极铁芯；4—框架；5—主极绕组；6—绝缘

(3)换向极。换向极安装在两主极之间，如图 3-4 所示。换向极的作用是改善电刷与换向器之间的火花(换向性能)。换向极由换向极铁芯和换向极绕组组成。

(4)电刷装置。电刷装置由电刷座、刷杆、刷握、电刷、压簧及绝缘件等组成。电刷盒通过电刷座固定在机座上,电刷装在刷盒内,与换向器滑动连接。压簧将电刷压在换向器上。电刷与换向器滑动连接,把外电路与电枢绕组连接起来。电刷装置的结构如图 3-5 所示。

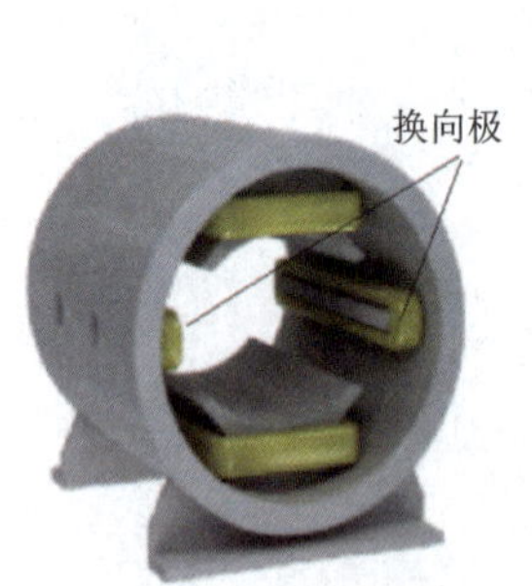

图 3-4　机座上的换向极

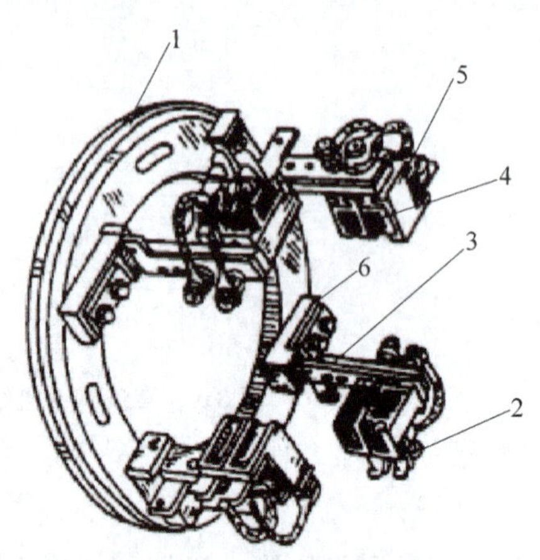

图 3-5　电刷装置

1—电刷座;2—压簧;3—刷杆;4—电刷;5—刷握;6—绝缘件

(5)端盖、轴承。端盖、轴承等起到支承转子轴的作用。

2. 转子

转子,顾名思义是电机的旋转部分。转子通过转轴安装在前后端盖的轴承上。转子主要由电枢铁芯和电枢绕组、换向器组成,如图 3-6 所示。转子的作用是产生感应电动势和电磁转矩,实现电能与机械能的转换。

换向器(图 3-7)将转子绕组与外电路连接起来,将外电路的直流电转换为电枢绕组的交流电。

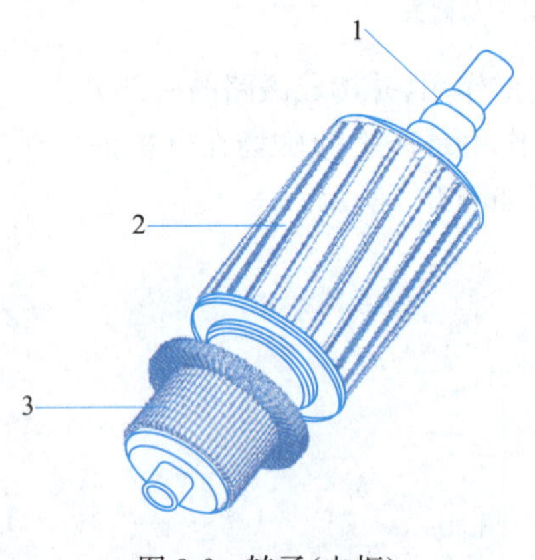

图 3-6　转子(电枢)

1—转轴;2—电枢绕组;3—换向器

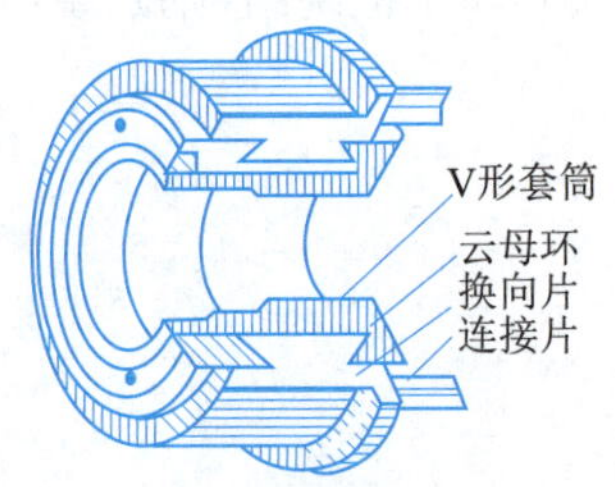

图 3-7　换向器结构

3. 空气隙

空气隙是指定子和转子之间的间隙,又称为工作气隙,它既保证了电机的安全运行,又是磁路的重要组成部分。

任务实施

按照任务书的要求完成相应内容，见表 3-2。

表 3-2　学习任务书—直流电动机的解体与组装

班级		姓名		组别		日期	
1. 根据任务信息完成下列引导问题 (1)电机如何分类? (2)直流电动机的励磁方式有哪些? (3)直流电动机由哪些部件组成？各自的作用是什么? (4)直流电动机的特性有哪些？不同励磁方式的电动机特性有何特点?							

续上表

2.任务实施

(1)根据任务要求准备设备与工量具,并在表内填写相关信息。

序号	名称	型号	数量	备注
1	直流电动机		1	
2	套转子专用工具		1	
3	气动扳手		1	
4	卡环钳		1	
5	轴承拔拉工具		1	
6	活动扳手		1	
7	锤子		1	
8	木制放置台		1	
9	一字螺丝刀		1	
10	厚纸、润滑脂等			

(2)电动机解体。

注意:电动机解体过程中的零部件必须按解体顺序摆放整齐。

①先拆下电动机的外部接线,并做好标记。

②拆下轴承外盖,再松开端盖的紧固螺钉,并在端盖与机座外壳的接缝处做好标记(前后两个端盖的标记不应相同),将端盖从机座上卸下来。

③将电刷自刷握中取出,将电刷中性线的位置做上标记。

④抽出转子时,必须注意不要碰伤定子线圈。

⑤用轴承拔拉工具拆卸滚动轴承。

(3)对解体后的电动机部件检查并记录状态详细情况。

序号	名称	状态描述
1	接线盒	
2	前端盖	
3	后端盖	
4	机座	
5	主磁极	
6	换向极	
7	电刷装置	
8	换向器	
9	转子绕组	
10	转子铁芯	
11	转轴	

(4)组装电动机

按照解体的反顺序组装电动机。

任务评价

根据任务完成情况，填写表 3-3。

表 3-3　任务评价表—直流电动机解体与组装

项目		评价内容			满分	得分
师评	知识能力	掌握直流电动机的结构组成			10	
		掌握直流电动机解体工具使用得当			10	
		掌握直流电动机安装完整			10	
	素质	出勤情况	出勤	缺课（　　）	5	
		任务书完成情况			10	
		任务展示态度积极，口齿清楚，仪态得体			10	
	作业				10	
自评	自我反思（自填）				—	—
					—	—
	完成情况	完整（5 分）		自主（5 分）	10	
	展示汇报	是		否	5	
互评	完成情况	能积极参与讨论，完成任务书			10	
	展示汇报	能够组内积极进行任务展示			10	
总　分					100	

巩固练习

一、判断题

1. 将机械能转换为电能的电机称为电动机。（　　）
2. 在直流电动机中，电刷两端加的是直流电。（　　）
3. 在直流电动机中，因电刷和换向器的作用，线圈内部为交流电。（　　）
4. 直流电动机电枢在磁场中旋转时，电枢铁芯只产生涡流。（　　）
5. 直流电动机换向器的作用是电整流。（　　）
6. 直流电动机电刷的极性由线圈内电势的方向确定。（　　）
7. 直流电动机的励磁方式是指励磁绕组的连接方式。（　　）
8. 直流电动机空载时，电枢电流为零。（　　）
9. 直流电动机电刷的正常位置在主极轴线下。（　　）
10. 直流电动机电枢磁通的方向与电枢导体电流方向符合左手螺旋定则。（　　）
11. 直流电动机的电磁转矩的大小，可根据电磁力定律求得。（　　）
12. 直流电动机的感应电势的大小和磁通的大小无关。（　　）
13. 直流电动机换向极装在电机的几何中心线上。（　　）
14. 直流电动机的转向不取决于电磁转矩方向。（　　）
15. 直流电动机电刷偏离几何中心线时，电刷间所包含的总磁通量有所减少。（　　）

16. 直流电动机旋转时，电枢绕组元件从一个支路经过电刷转换到另一个支路，元件中的电流方向改变1次。(　　)

二、选择题

1. 直流电动机的工作原理实质上是(　　)。

A. 楞次定律　　B. 电磁感应原理　　C. 基尔霍夫定律　　D. 安培定理

2. 直流电动机额定转速指电机(　　)运行时的转速，以每分钟的转数表示。

A. 连续　　B. 短时　　C. 断续　　D. 降压

3. 直流电动机电枢的主要作用是(　　)。

A. 将交流电变为直流电　　B. 实现电能和机械能的转换

C. 改善直流电机的换向　　D. 在气隙中产生磁通

4. 直流电动机换向磁极的作用是(　　)。

A. 产生主磁通　　B. 产生换向电流

C. 改变电流换向　　D. 产生换向磁通

5. 直流电动机的换向电流愈大，换向时火花(　　)。

A. 愈强　　B. 愈弱　　C. 不变　　D. 不产生火花

6. 直流电动机带上负载后，气隙中的磁场是(　　)。

A. 由主极磁场和电枢磁场叠加而成的

B. 由主极磁场和换向磁场叠加而成的

C. 由主极产生的

D. 由主极磁场、换向磁场和电枢磁场叠加而成的

7. 直流电动机的电枢绕组最基本的有(　　)两大类。

A. 单叠绕组和单波绕组　　B. 叠绕组和波绕组

C. 单层绕组和双层绕组　　D. 交叉式绕组和同心式绕组

8. 牵引电机在电制动方式下作(　　)。

A. 电动机用　　B. 发电机用

C. 不用　　D. 电动机或发电机用

9. 牵引电机损耗的原因不包括(　　)。

A. 机械损耗　　B. 铜耗　　C. 附加损耗　　D. 化学损耗

10. 直流电动机启动时在电枢电路串入附加电阻的目的是(　　)。

A. 限制起动电流　　B. 增大起动转矩

C. 增大起动电流　　D. 减小起动转矩

11. 直流电动机换向磁极的作用是(　　)。

A. 产生主磁通　　B. 产生换向电流　　C. 改善电流换向　　D. 增大火花

12. 改变电枢回路的电阻调速，只能使直流电动机的转速(　　)。

A. 上升　　B. 下降　　C. 保持不变　　D. 不稳定

13. 并励直流电机运行时，如励磁绕组(　　)，可能造成“飞车”事故。

A. 断路　　B. 短路　　C. 接通　　D. 电流大

三、论述题

换向极与主磁极的磁场作用有何不同?

任务二　直流电动机调速电路的装调

任务描述

直流电动机具有方便而宽广的调速性能。设计一个直流电动机的串电阻调速控制电路,并对电路进行安装和调试。

1. 设计一个直流电动机的串电阻调速控制电路。
2. 完成对所设计电路的安装和调试。

一、直流电动机的基本特性

1. 速度特性

速度特性是转速与电枢电流之间的关系。直流电动机的电压 U、电流 I、电动势 E、转速 n 关系,如图 3-8 所示。

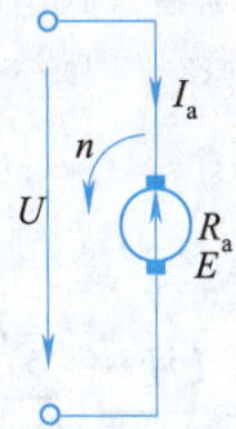

图 3-8　直流电动机的电压、电流、电动势、转速关系

直流电动机的电压平衡方程公式为

$$U=E+I_aR_a=C_e\phi n+I_aR_a$$
$$E=C_e\phi n$$

得到电动机转速特性 $n=f(I_a)$ 公式

$$n=\frac{U-I_aR_a}{C_e\phi}$$

式中　U——电动机端电压;
E——电枢绕组反电势;
I_a——电枢电流;
R_a——电枢电阻;
$C_e\phi$——电机机电常数。

各种励磁方式直流电动机的速度特性如图 3-9 所示。

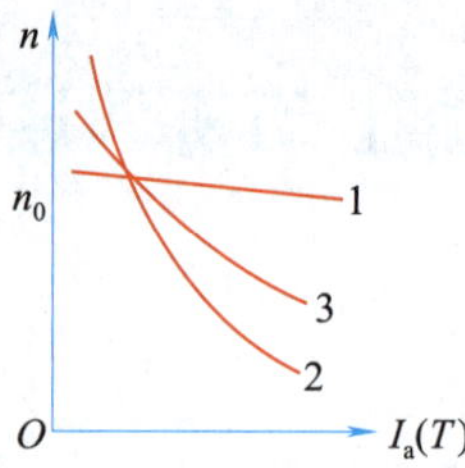

图 3-9　各种励磁方式电动机速度特性

1—并励；2—串励；3—复励

2. 转矩特性

转矩特性是转矩与电枢电流之间的关系

$$T=C_{\mathrm{T}}\phi I_{\mathrm{a}}$$

各种励磁方式的直流电动机转矩特性如图 3-10 所示。

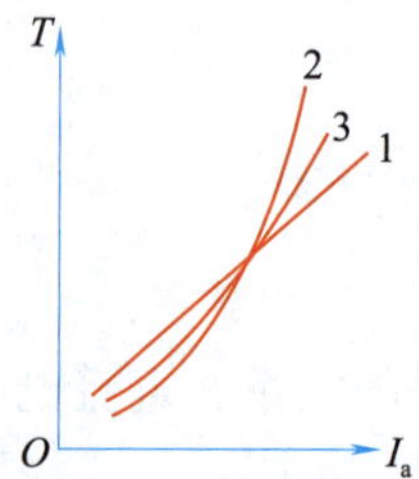

图 3-10　各种励磁方式电动机转矩特性

1—并励；2—串励；3—复励

3. 效率特性

效率特性是效率与电枢电流之间的关系

$$\eta=\frac{UI-\sum p}{UI}$$

直流电动机效率特性曲线如图 3-11 所示。

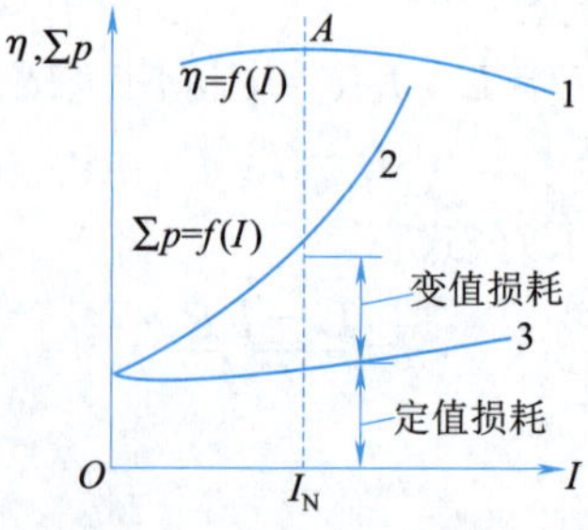

图 3-11　直流电动机的效率特性

1—$\eta=f(I)$曲线；2—$\sum p=f(I)$曲线；3—定值损耗

4. 机械特性

机械特性是转速与转矩之间的关系。

将转矩特性 $$T=C_T\phi I_a$$

代入转速特性 $$n=\frac{U-I_aR_a}{C_e\phi}$$

得到 $$n=\frac{U-I_aR_a}{C_e\phi}=\frac{U-\frac{T}{C_T\phi}R_a}{C_e\phi}=\frac{U}{C_e\phi}-\frac{R_a}{C_eC_T\phi^2}T$$

机械特性的曲线图与速度特性曲线类似，是因为转矩 T 与电枢电流 I_a 成正比关系。波形如图 2-11 所示。

【例 3-1】一台他励直流电动机额定数据为：$P_N=100$ kW，$U_N=220$ V，$I_N=517$ A，$n_N=1\,200$ r/min，电枢电阻 $R_a=0.044$ Ω。

试求：(1)固有机械特性方程式。

(2)额定负载时的电枢电势和额定电磁转矩。

(3)额定输出转矩和空载转矩。

(4)理想空载转速和实际空载转速。

(5)电机额定运行，分别求电枢回路外串电阻 $R_S=0.206$ Ω 时的转速、电压 $U=50$ V 时的转速和磁通 $\Phi=0.75\Phi_N$ 时的转速。

解：(1)求固有机械特性方程

因为
$$U_N=E_a+I_aR_a$$
$$E_a=C_e\Phi_N n$$

所以
$$U_N=C_e\Phi_N n+I_aR_a$$

$$C_e\Phi_N=\frac{U_N-I_aR_a}{n_N}=\frac{220-517\times0.044}{1\,200}=0.164$$

$$n=\frac{U_N}{C_e\Phi_N}-\frac{R_a}{C_eC_T\Phi_N^2}T=\frac{220}{0.164}-\frac{0.044}{9.55\times0.164^2}T=1\,341-0.17T$$

(2)额定电枢电势和额定电磁转矩

$$E_a=C_e\Phi_N n_N$$
$$=0.164\times1\,200=196.8(\mathrm{V})$$
$$T_N=C_T\Phi_N I_N=9.55C_e\Phi_N I_a$$
$$=9.55\times0.164\times517=809.7(\mathrm{N\cdot m})$$

(3)求额定电枢转矩和空载转矩

$$T_{2N}=9.55\frac{P_N}{n_N}=9.55\times\frac{100\times10^3}{1\,200}=795.8(\mathrm{N\cdot m})$$
$$T_0=T_N-T_{2N}=809.7-795.8=13.9(\mathrm{N\cdot m})$$

(4)理想空载转速和实际空载转速

$$n_0=\frac{U_N}{C_e\Phi_N}=\frac{220}{0.164}=1\,341(\mathrm{r/min})$$
$$n'_0=1\,341-0.17T_0=1\,341-0.17\times13.9=1\,338.6(\mathrm{r/min})$$

(5)求以下转速：①当电枢回路串电阻 $R_S=0.206$ Ω 时

$$n_1=\frac{U_N}{C_e\Phi_N}-\frac{R_a+R_S}{C_eC_T\Phi_N^2}T_N$$
$$=1\,341-\frac{0.044+0.206}{9.55\times0.164^2}\times809.7=553(\mathrm{r/min})$$

②当电压$U=50$ V时

$$n_2=\frac{U}{C_e\Phi_N}-0.17T_N$$

$$=\frac{50}{0.164}-0.17\times809.7=167(\text{r/min})$$

③当$\Phi=0.75\Phi_N$时

$$n_3=\frac{U_N}{0.75C_e\Phi_N}-\frac{R_a}{9.55\times(0.75C_e\Phi_N)^2}T_N$$

$$=\frac{220}{0.75\times0.164}-\frac{0.044}{9.55(0.75\times0.164)^2}\times809.7=1\,542(\text{r/min})$$

二、各种直流电动机特性的比较

1. 他励与串励电动机机械特性的防空转性能比较

在牵引电机独立传动的情况下，当机车起动或爬坡时，经常发生动轮和钢轨之间因黏着条件的破坏而使动轮空转的现象，在这种情况下，串励电动机的软特性不利于黏着条件的恢复。而他励电动机的硬特性却有利于防止动轮空转，因为在出现空转时他励电动机电枢电流和转矩随着转速的微小增加而急剧下降，促使黏着条件的迅速恢复。串、并励牵引电机的防空转能力比较如图 3-12所示。

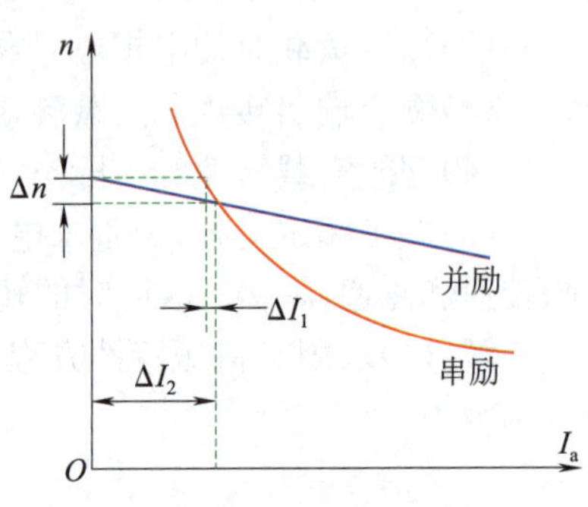

图 3-12　牵引电机防空转性能

2. 电机特性差异造成的负载分配不均

在电传动机车上，一般总有几台牵引电机同时并联运行，由于电机的特性不可能完全一致，或者电机驱动的动轮直径不完全相等，因此，这些都将使各电机之间的负载分配不均匀。

当两台并联运行的电机转速相同时，由于性能的差异而导致负载电流分配出现不均匀，此时牵引电机之间的负载分配关系如图 3-13 所示。

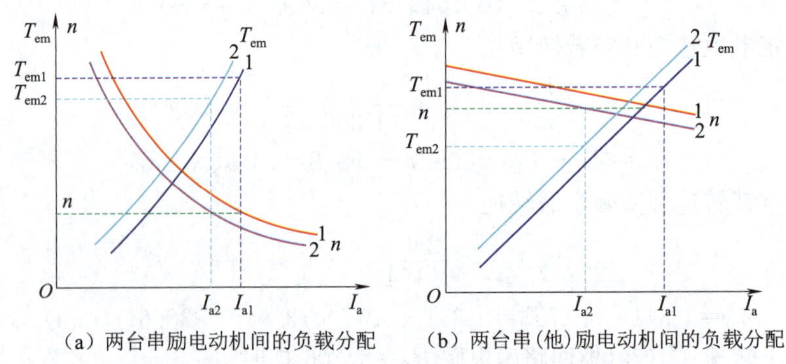

图 3-13　并联运行时两台牵引电机之间的负载分配

对于串励电动机而言，由于其具有软特性，这种负载分配的不均匀性远较他励(或并励)电动机小得多，可防止个别电机在运行时发生严重过载现象。

三、直流电动机的调速电路

根据直流电动机的速度特性 $n=\dfrac{U-I_aR_a}{C_e\phi}$ 可知，直流电动机的调速方式有三种：

(1)改变电源电压。

(2)电枢回路串电阻。电枢回路串电阻的调速电路，如图 3-14 所示。

(3)改变磁场。

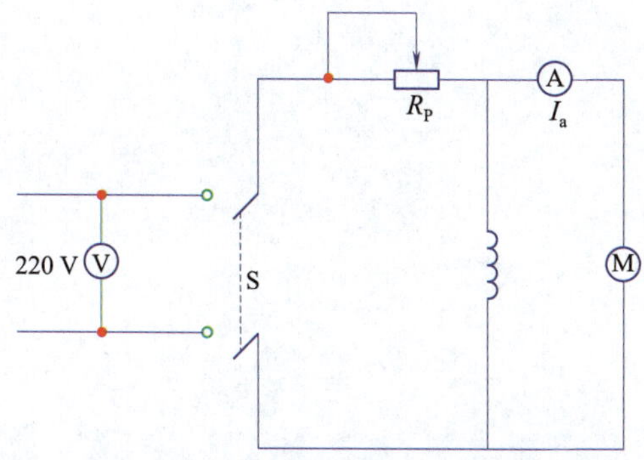

图 3-14　直流电动机串电阻调速电路

按照任务书要求完成相应内容，见表 3-4。

表 3-4　学习任务书—直流电动机调速电路的安装与调试

班级		姓名		组别		日期	
1. 根据任务信息完成下列引导问题 (1)直流电动机的绕组有哪些？							

续上表

(2)直流电动机的调速方法有哪些?

(3)如何获得直流电源?

(4)如何调节直流电压?

2.任务实施

(1)根据任务要求准备设备与工量具,并在表内填写相关信息。

序号	名称	型号	数量	备注
1	直流电源		1	
2	直流电动机		1	
3	滑线变阻器		1	
4	电压表		1	
5	电流表		1	
6	双刀单掷开关		1	
7	转速表		1	

续上表

<table>
<tr><td colspan="4">(2)设计一个直流电动机调速电路。</td></tr>
<tr><td colspan="4">(3)连接电路,检查无误后启动电动机,观察并记录测试数据。</td></tr>
<tr><td>R_p</td><td>U(V)</td><td>I_a(A)</td><td>n(rad/min)</td></tr>
<tr><td>1</td><td></td><td></td><td></td></tr>
<tr><td>2</td><td></td><td></td><td></td></tr>
<tr><td>3</td><td></td><td></td><td></td></tr>
<tr><td>4</td><td></td><td></td><td></td></tr>
<tr><td colspan="4">(4)测试数据分析。</td></tr>
</table>

根据任务完成情况,填写表 3-5。

表 3-5　任务评价表—直流电动机调速电路的装调

<table>
<tr><th colspan="2">项目</th><th colspan="3">评价内容</th><th>满分</th><th>得分</th></tr>
<tr><td rowspan="7">师评</td><td rowspan="3">知识能力</td><td colspan="3">掌握直流电动机调速电路结构</td><td>10</td><td></td></tr>
<tr><td colspan="3">掌握各种测试数据</td><td>10</td><td></td></tr>
<tr><td colspan="3">掌握对测试结果的分析正确</td><td>10</td><td></td></tr>
<tr><td rowspan="3">素质</td><td>出勤情况</td><td>出勤</td><td>缺课(　　)</td><td>5</td><td></td></tr>
<tr><td colspan="3">任务书完成情况</td><td>10</td><td></td></tr>
<tr><td colspan="3">任务展示态度积极,口齿清楚,仪态得体</td><td>10</td><td></td></tr>
<tr><td colspan="4">作业</td><td>10</td><td></td></tr>
<tr><td rowspan="4">自评</td><td rowspan="2">自我反思
(自填)</td><td colspan="3"></td><td>—</td><td>—</td></tr>
<tr><td colspan="3"></td><td>—</td><td>—</td></tr>
<tr><td>完成情况</td><td>完整(5 分)</td><td colspan="2">自主(5 分)</td><td>10</td><td></td></tr>
<tr><td>展示汇报</td><td>是</td><td colspan="2">否</td><td>5</td><td></td></tr>
<tr><td rowspan="2">互评</td><td>完成情况</td><td colspan="3">能积极参与讨论,完成任务书</td><td>10</td><td></td></tr>
<tr><td>展示汇报</td><td colspan="3">能够组内积极进行任务展示</td><td>10</td><td></td></tr>
<tr><td colspan="5">总　　分</td><td>100</td><td></td></tr>
</table>

一、填空题

1. 直流电动机的励磁方式有________、________、________和复励四种形式。

2. 直流电动机电枢导体中的电势和电流是________性质的。

3. 直流电动机将________能转换为________能输出。

4. 电刷和换向器在直流电动机中的作用为：将刷间的直流电________为绕组中交变的电流。

5. 直流电动机一般采用________________和降压的方法，达到限制起动电流的作用。

6. 改变直流并励电动机的转向，可采用的方法是________________的方向和单独改变电枢电流的方向。

7. 直流电动机的电磁转矩与电枢电流成________比。

8. 额定功率对直流电动机来说，指的是________________的功率。

二、判断题

1. 直流电动机电枢元件中的电势和电流都是直流的。(　　)

2. 若电机运行在电动机状态，则感应电动势大于其端电压。(　　)

3. 直流电动机的电磁转矩与电枢电流成正比，与每极合成磁通成反比。(　　)

4. 在电枢绕组中串接的电阻愈大，起动电流就愈小。(　　)

5. 串励直流电动机可以空载运行。(　　)

三、计算题

1. 一台他励直流电动机，铭牌数据为 $P_N=60$ kW，$U_N=220$ V，$I_N=305$ A，$n_N=1\ 000$ r/min。

试求：(1)画出机械特性曲线。(2)$T=0.75T_N$ 时的电动机转速。(3)转速 $n=1\ 100$ r/min 时的电枢电流。

2. 并励直流电动机 $P_N=7.5$ kW，$U_N=220$ V，$I_N=40.6$ A，$n_N=3\ 000$ r/min，$R_a=0.213\ \Omega$。额定励磁电流 $I_{fN}=0.683$ A，不计附加损耗，求电动机工作在额定状态下的电枢电流、额定效率、输出转矩、电枢铜耗、励磁铜耗、空载损耗、电磁功率、电磁转矩及空载转矩。

项目四
交流电动机典型控制电路装调

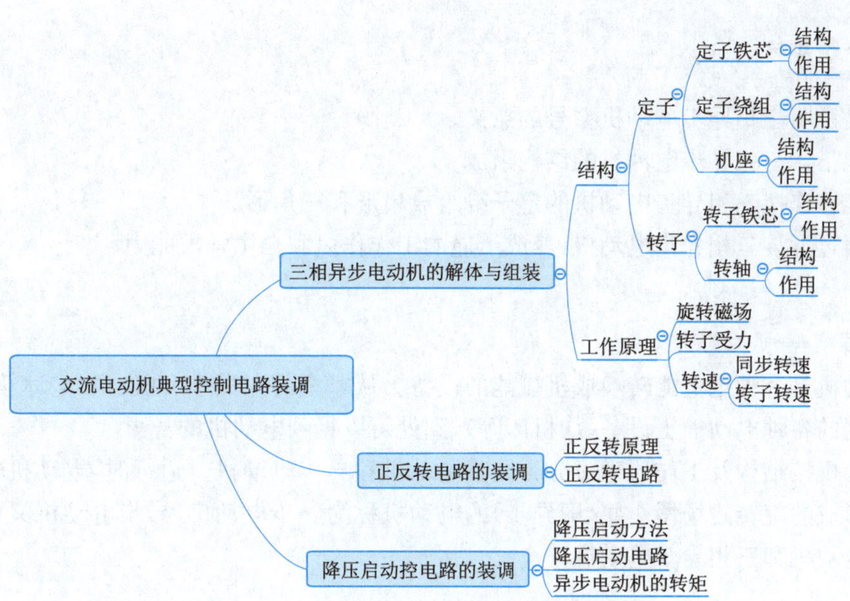

项目概述

牵引电机是电力机车的“心脏”。了解和掌握电动机的结构和工作原理，运用常用工、量具对三相交流异步电动机典型控制电路进行安装与调试是做好检修工作的基础。

学习目标

1. 掌握电动机的结构，了解电动机的工作原理。
2. 掌握正反转控制线路的安装与调试方法。
3. 掌握异步电动机的启动方式、启动特点以及启动控制电路的调试方法。

任务一　三相异步电动机的解体与组装

通过对电动机的拆装作业。认识三相异步电动机的结构，并学习三相异步电动机的工作原理。

1. 能说明三相异步电动机型号的意义。
2. 能指认三相异步电动机的结构组成。
3. 能够连接三相异步电动机的定子绕组成星形和三角形。
4. 通过拆装三相异步电动机，养成严谨的工作作风和自主学习能力。

任务信息

电动机是一种把电能转换成机械能的设备。从家庭的电风扇、洗衣机、电冰箱，到企业生产用到的各种电动加工设备(如机床等)，到处可以见到电动机的身影。

电动机按结构及工作原理可分为同步电动机和异步电动机。运行时，电动机转速比输入电压形成的旋转磁场慢一些(即异步)的电动机称为异步电动机，异步电动机又可分为单相异步电动机和三相异步电动机。

一、三相异步电动机的结构

三相异步电动机主要由定子和转子两部分组成，定子和转子间有气隙。另外还有机座、端盖、风扇等部件。其外形和结构如图 4-1所示。

1. 定子部分

三相异步电动机的定子主要由定子铁芯、定子三相绕组、机座等组成。定子各部件的作用见表 4-1。

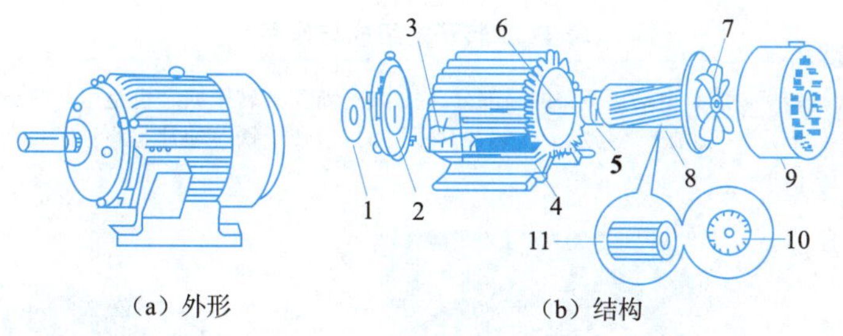

（a）外形　　（b）结构

图 4-1　三相异步电动机的结构

1—轴承盖；2—端盖；3—接线盒；4—机座；5—轴承；
6—转子轴；7—风扇；8—转子；9—风扇罩壳；10—转子铁芯；11—笼型绕组

表 4-1　定子各部件的作用

<table>
<tr><td>定子铁芯</td><td>定子铁芯安装在定子机座内，起嵌放定子绕组、提供磁路的作用，由彼此绝缘的 0.35～0.5 mm 厚硅钢片叠成，是电动机磁路的一部分。
铁芯内圆有均匀分布的槽口，用来嵌放定子绕组。
定子及铁芯硅钢片如下图所示。
 </td></tr>
<tr><td>定子绕组</td><td>定子绕组是电动机的电路部分，主要作用是通入三相交流电产生旋转磁场。三相绕组结构完全相同，在空间位置上彼此相差 120°。
绕组由漆包线或丝包线（圆线或扁线）绕制，并嵌放于定子铁芯的凹槽内。
绕组间以一定规律连接并构成三相绕组。三相绕组的引出线分别用 U_1、V_1、W_1（首端）和 U_2、V_2、W_2（末端）标注。六根引线引至接线板上，根据使用需要，通过连接片可将三相绕组作Y形或△形连接，如下图所示。
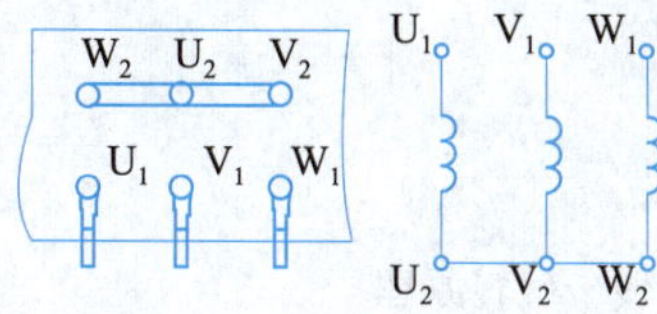
三相绕组引出线接法（Y形连接）
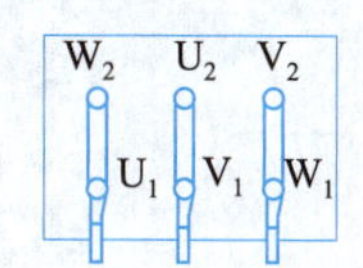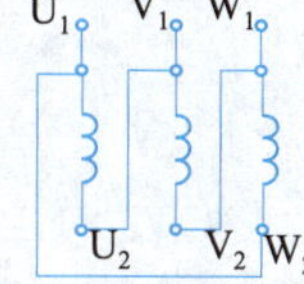
三相绕组引出线接法（△形连接）</td></tr>
<tr><td>机座</td><td>机座的主要作用是固定、保护和散热作用。固定和支承定子铁芯和端盖，同时保护整台电动机的电磁部分，发散电动机运行中产生的热量。
端盖安装在机座的两端，分为前、后端盖，一般为铸铁件。端盖除了起支承作用外，还起着保护定、转子绕组的作用</td></tr>
</table>

2. 转子部分

三相异步电动机的转子有笼型和绕线型两种形式，它们都是由转子铁芯、转子绕组和转轴三部分组成。转子的组成与作用见表 4-2。

表 4-2　转子的组成与作用

转子铁芯	转子铁芯是电动机磁路的一部分，嵌放转子绕组。转子铁芯也是用 0.5 mm 厚硅钢片叠装而成，套在转轴上。与定子铁芯冲片不同的是，转子铁芯冲片是在冲片的外圆上开槽，如下图所示
转子绕组	转子绕组的主要作用是：切割旋转磁场，产生感应电动势和电流，并在磁场的作用下受力而使转子转动
转轴	转轴的主要作用是传递力矩和机械功率。转轴是整个转子部件的安装基础，整个转子靠转轴和轴承被支承在定子铁芯内腔中。转轴一般由中碳钢或合金钢制成

二、三相异步电动机的工作原理

1. 磁铁旋转对导体的作用

下面通过一个实验来说明异步电动机的工作原理。实验如图 4-2 所示，在一个马蹄形的磁铁中间放置一个带转轴的闭合线圈，当摇动手柄旋转磁铁时发现，线圈会跟随着磁铁一起转动。若改变磁铁的转向，则导体的转向也跟着改变。为什么会出现这种现象呢？

图 4-2　转子旋转原理

(1)现象解释：当磁铁旋转时，磁铁与闭合的导体发生相对运动，闭合的导体切割磁力线而在其内部产生感应电动势和感应电流。而有感应电流通过的导体在磁场中又会受到电磁力的作用，于是导体在电磁力的推动下旋转起来，这就是异步电动机的基本原理。转子转动的方向和磁极旋转的方向相同。

(2)实验结论：欲使异步电动机旋转，必须有旋转的磁场和闭合的转子绕组。

2. 异步电动机的工作原理

定子绕组通入对称的三相交流电，产生旋转磁场；转子导体与旋转磁场之间有相对运动，切割旋转磁场的磁感线，所以在闭合的转子导体中就产生感应电流；转子导体中感应电流在磁场中产生电磁力，在电磁力的作用下电动机转动，如图 4-3 所示。

在定子与转子的空气隙间所产生的合成磁场是沿定子内圆旋转的，故称旋转磁场，如图 4-4所示。

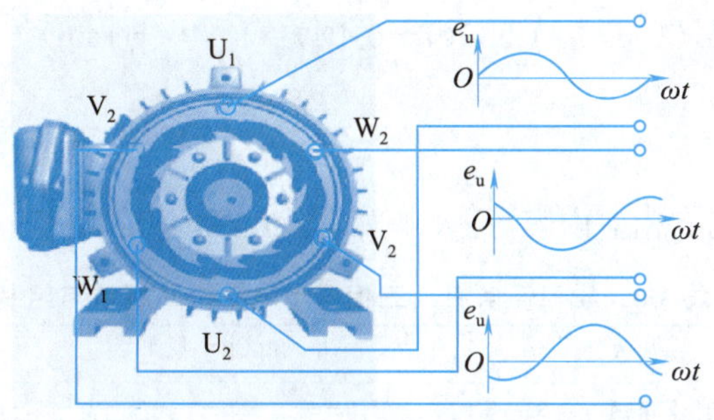

图 4-3　异步电动机工作原理

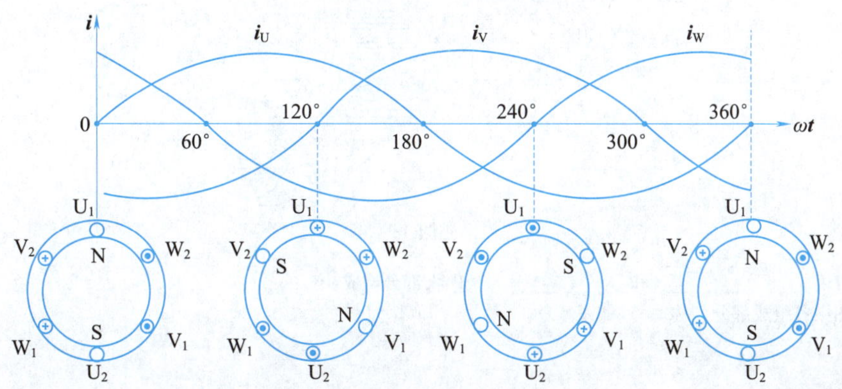

图 4-4　旋转磁场的产生

三、三相异步电动机的转速

1. 旋转磁场的转速(同步转速)n_0

$$n_0=\frac{60f}{p}$$

式中　n_0——旋转磁场转速，r/min；

f——电源频率；

p——电机的极对数。

2. 电动机转子转速 n

$$n=\frac{60f}{p}(1-s)=n_0(1-s)$$

式中　s——转差率，$s=\frac{n_0-n}{n_0}$。

由以上公式可知，改变公式中的 f、s、p 可以改变电动机的转速 n，即电机的调速可以分为改变电源频率、改变转差率和改变极对数三种方法。

【例 4-1】有一台四极交流异步电动机，额定频率为 50 Hz，转差率为 4%，求它的额定转速。

解：(1)同步转速：$n_0=\frac{60f}{p}=\frac{60\times50}{2}=1\ 500(\text{r/min})$

(2)额定转速：$n=n_0(1-s)=1\ 500(1-0.04)=1\ 440(\text{r/min})$

任务实施

按照任务书要求完成相应内容，见表 4-3。

表 4-3　学习任务书—三相异步电动机的解体与组装

班级		姓名		组别		日期	

1. 根据任务信息完成下列引导问题

(1)根据题图 4-1 所示完成三相异步电动机的构成相关信息。

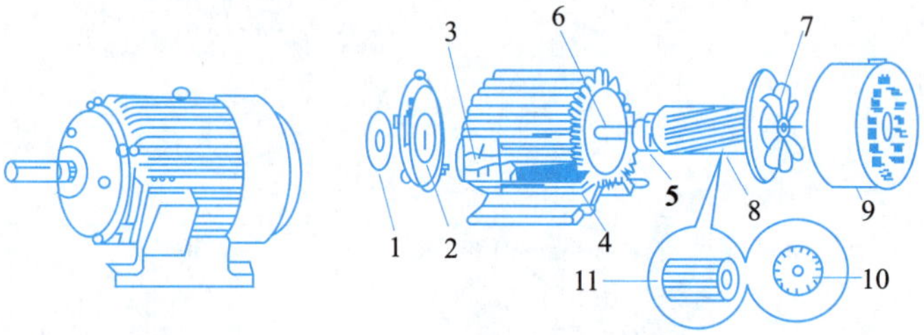

题图 4-1

①电动机由________________和________________两大部分构成。

②写出图中各组成部分名称。

(2)简述电动机定子和转子的作用。

①定子绕组和定子铁芯的作用是什么？

续上表

②转子绕组和转子铁芯的作用是什么?

(3)如何连接三相异步电动机的定子绕组成星形和三角形?绘制三相绕组星形和三角形引出线接线图。

2.任务实施

(1)完成电动机的拆装作业,简述三相异步电动机的结构。

(2)完成电动机的运行试验,简述三相异步电动机的工作原理。

续上表

(3)解体和组装三相异步电动机。

①根据任务要求准备设备与工量具,并在表内填写相关信息。

序号	名称	型号	数量	备注
1	三相异步电动机		1	
2	套转子专用工具		1	
3	气动扳手		1	
4	卡环钳		1	
5	轴承拔拉工具		1	
6	活动扳手		1	
7	锤子		1	
8	木制放置台		1	
9	一字螺丝刀		1	
10	厚纸、润滑脂等			

②电动机解体。

注意:电动机解体过程中的零部件必须按解体顺序摆放整齐!

a. 先拆下电动机的外部接线,并做好标记。

b. 先拆下轴承外盖,再松开端盖的紧固螺钉,并在端盖与机座外壳的接缝处做好标记(前后两个端盖的标记不应相同),将端盖从机座上卸下来。

c. 抽出转子时,必须注意不要碰伤定子线圈。

d. 用轴承拔拉工具拆卸滚动轴承。

③对解体后的电动机部件检查并记录状态详细情况。

序号	名称	状态描述
1	接线盒	
2	前端盖	
3	后端盖	
4	机座	
5	转子绕组	
6	转子铁芯	
7	转轴	

④组装电动机。按照解体的反顺序组装电动机。

根据任务完成情况，填写表 4-4。

表 4-4　任务评价表—三相交流异步电动机的解体与组装

项目		评价内容			满分	得分
师评	知识能力	掌握三相异步电动机的结构			15	
		掌握三相异步电动机的工作原理			10	
		了解三相异步电动机的型号			5	
	素质	出勤情况	出勤	缺课(　　)	5	
		任务书完成情况			10	
		任务展示态度积极，口齿清楚，仪态得体			10	
	作业				10	
自评	自我反思(自填)				—	—
					—	—
	完成情况	完整(5 分)		自主(5 分)	10	
	展示汇报	是		否	5	
互评	完成情况	能积极参与讨论，完成任务书			10	
	展示汇报	能够组内积极进行任务展示			10	
总　分					100	

巩固练习

一、判断题

1. 三相异步电动机的转子和定子间有电的联系。(　　)
2. 三相异步电动机的转子有笼型和绕线型两种形式。(　　)
3. 三相异步电动机是三相对称负载。(　　)
4. 对称三相负载Y形连接时，线电压等于相电压。(　　)
5. 对称三相负载△形连接时，线电流是相电流的$\sqrt{3}$倍。(　　)

二、填空题

1. 三相异步电动机的额定电压指的是三相电路的________电压。额定电流指的是三相电路的________电流。
2. 三相负载有两种连接方法，即________形连接和________连接。
3. 三相对称负载是指三相电路的________相等，即______________________和______________________分别相等。
4. 三相异步电动机的三相绕组共有________个引出线头，分________端和________端。
5. 三相定子绕组可以连接成________________和________________两种形式。

三、计算题

1. 有一台六极的交流电动机，额定频率为 50 Hz，转差率为 4%，求它的额定转速是多少？

2. 某三相异步电动机每相绕组有两组线圈接在 50 Hz 的交流电源上，这台电动机的额定转速是 1 440 r/min，求转差率为多少？

3. 某三相异步电动机每相绕组有四组线圈接在 50 Hz 的交流电源上，这台电动机的额定转速是 735 r/min，求转差率为多少？

任务二　三相异步电动机正反转电路的装调

任务描述

电力机车的正反向运行，是由牵引电机的正反向转动来实现的。安装在同一台机车上的牵引电机，由于其安装方向的不同，在连接电路时需要考虑转向问题。

本任务主要是使学生掌握正反转控制电路的原理与安装方法，训练学生的操作技能。要求能够根据控制要求设计安装电路，并进行调试。

1. 能正确识读交流电动机的正反转控制电路原理图。

2. 能正确选用按钮、接触器等电路元件，熟悉它们的功能、基本结构，图形符号、文字符号和使用方法。

3. 能根据电路图对三相异步电动机正反转控制电路进行安装、检测与调试。

任务信息

电动机正反转，指的是电动机顺时针转动和逆时针转动。

一、电机正反转的方法

根据正反转控制电路图分析，要实现电动机的反转，只要将接至电动机三相电源线中的任意两相对调接线，即可达到反转的目的。电动机的正反转应用广泛，例如电刨床、台钻、甩干机和车床等。

接触器在电动机的正反转电路中的应用，提供了灵活方便的控制方式，并增加了自锁与互锁的自动保护功能，实现低电压和远距离频繁控制功能。

二、常用的电动机正反转控制电路

为了使电动机能够正转和反转，可采用两只接触器 KM_1、KM_2 换接电动机三相电源的相序，但两个接触器不能同时吸合，如果同时吸合将造成电源的短路事故，为了防止这种事故，在电路中应采取可靠的互锁保护，图 4-5 所示为采用按钮和接触器双重互锁的电动机正、反转运行控制电路。

1. 接触器联锁正反转控制电路的组成

接触器联锁正反转控制电路的组成如图 4-5 所示。当 KM_1 主触点接通时，三相电源 L_1、L_2、L_3 按 U-V-W 相序接入电动机；当 KM_2 主触点接通时，三相电源 L_1、L_2、L_3 按 W-V-U 相序接入电动机。即 W 相和 U 相顺序反相，所以当两个接触器分别工作时，电动机正转或反转。

电路要求 KM_1、KM_2 不能同时通电，否则，它们的主触点同时闭合，将造成 L_1、L_3 两相短路。为此，在电路中，将 KM_1、KM_2 接触器线圈回路串联对方的一对常闭辅助触点，互锁

保证 KM_1、KM_2 不会同时通电。此两对常闭辅助触点的作用即为互锁。

2. 接触器联锁正反转控制电路的工作原理

如图 4-5 所示，先合上电源开关 QS。

（1）正转控制：

按下 SB_2→KM_1 线圈得电—
- KM_1 常开辅助触点闭合，构成自锁回路。
- KM_1 主触点闭合→电动机 M 正转。
- KM_1 常闭辅助触点断开，实现对 KM_2 的互锁。

（2）反转控制：

按下 SB_1→KM_1 线圈断电—
- KM_1 常开辅助触点断开。
- KM_1 主触点断开→电动机 M 停转。
- KM_1 常闭辅助触点恢复闭合。

按下 SB_3→KM_2 线圈得电—
- KM_2 常开辅助触点闭合，构成自锁回路。
- KM_2 主触点闭合→电动机 M 反转。
- KM_2 常闭辅助触点断开，实现对 KM_1 的互锁。

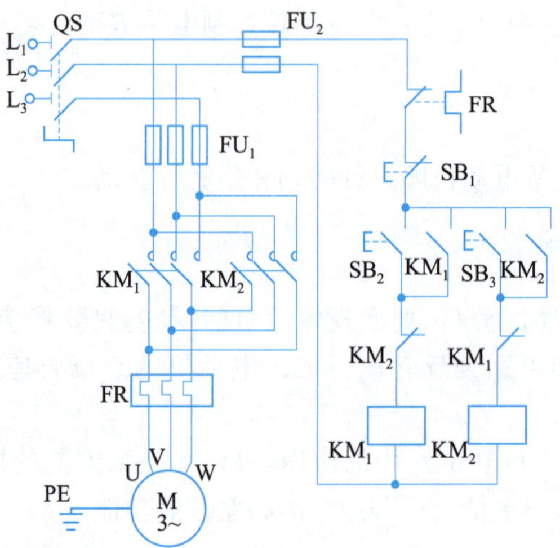

图 4-5　接触器联锁正反转控制电路

按照任务书要求完成相应内容，见表 4-5。

表 4-5　学习任务书—三相异步电动机正反转电路的装调

班级		姓名		组别		日期	
1. 根据任务信息完成下列引导问题 （1）写出按钮 SB、接触器 KM 的常开触头和常闭触头电气符号和图形符号，说明其功能。							

续上表

(2)说明三相异步电动机的正反转控制原理。

(3)说明电气自锁与互锁的概念。

(4)电动机的互锁方式有哪几种?

2.任务实施

(1)根据任务要求准备设备与工量具,并在表内填写相关信息。

序号	名称	型号	数量	备注
1	空气开关			
2	三相异步电动机			
3	三相接触器			
4	按钮开关			
5	热继电器			
6	万用表			
7	活动扳手、螺丝刀等			

(2)设计一个三相异步电动机的正反转控制电路。

续上表

(3)安装步骤及工艺要求。
①逐个检测电气设备和元件的规格和质量是否合格。
②正确选择导线的规格、数量等。
③在模拟配线盘上安装线槽和电气元件。
④按照布线的工艺要求进行布线和套编码套管。
⑤检查电路的接线是否正确和接地通道是否具有连续性。
⑥检查热继电器的整定值是否符合要求。
⑦检查电动机的安装是否牢固。
⑧检测电动机及电路的绝缘电阻，清理安装场地。
(4)检查无误后启动电动机，观察并记录测试数据。

按钮	接触器 1	接触器 2	接触器 3	正或反转

(5)说明电动机正、反转控制的工作原理。

根据任务完成情况，填写表 4-6。

表 4-6　任务评价表—三相异步电动机正、反转电路的装调

<table>
<tr><th colspan="2">项目</th><th colspan="3">评价内容</th><th>满分</th><th>得分</th></tr>
<tr><td rowspan="7">师评</td><td rowspan="3">知识能力</td><td colspan="3">能正确识读交流电动机的正、反转控制电路原理图</td><td>10</td><td></td></tr>
<tr><td colspan="3">能正确识别、安装、使用按钮、接触器</td><td>5</td><td></td></tr>
<tr><td colspan="3">能根据图纸要求进行交流电动机正反转控制电路安装与接线，并进行检测与调试</td><td>15</td><td></td></tr>
<tr><td rowspan="3">素质</td><td>出勤情况</td><td>出勤</td><td>缺课(　　)</td><td>5</td><td></td></tr>
<tr><td colspan="3">任务书完成情况</td><td>10</td><td></td></tr>
<tr><td colspan="3">任务展示态度积极，口齿清楚，仪态得体</td><td>10</td><td></td></tr>
<tr><td colspan="4">作业</td><td>10</td><td></td></tr>
<tr><td rowspan="4">自评</td><td rowspan="2">自我反思(自填)</td><td colspan="3"></td><td>—</td><td>—</td></tr>
<tr><td colspan="3"></td><td>—</td><td>—</td></tr>
<tr><td>完成情况</td><td colspan="2">完整(5 分)</td><td>自主(5 分)</td><td>10</td><td></td></tr>
<tr><td>展示汇报</td><td colspan="2">是</td><td>否</td><td>5</td><td></td></tr>
<tr><td rowspan="2">互评</td><td>完成情况</td><td colspan="3">能积极参与讨论，完成任务书</td><td>10</td><td></td></tr>
<tr><td>展示汇报</td><td colspan="3">能够组内积极进行任务展示</td><td>10</td><td></td></tr>
<tr><td colspan="5">总　分</td><td>100</td><td></td></tr>
</table>

任务三　三相异步电动机降压启动电路的装调

为了减小大功率三相异步电动机启动电流，往往采用降压启动。Y-△降压启动法因设备简单而应用广泛。

请根据任务书的要求，设计一个Y-△降压启动的三相异步电动机控制电路，并完成电路的安装和调试。

1. 了解常用的降压启动电路的类型和在实际中的应用。
2. 掌握Y-△降压启动电路的工作原理。
3. 根据设计要求对三相异步电动机Y-△降压启动电路安装与调试。

一、三相异步电动机的降压启动

电动机的降压启动是在电源电压不变的情况下，降低启动时加在电动机定子绕组上的电压，限制启动电流，当电动机转速基本稳定后，再使工作电压恢复到额定值。

星形—三角形（Y-△）降压启动是指电动机启动时，把定子绕组接成星形，以降低电动机定子绕组两端的启动电压，减小启动电流，待电动机启动完成后，再把定子绕组改接成三角形，使电动机全压运行。Y-△启动只能用于正常运行时为三角形接法的电动机，且起动电流和起动转矩只有△接法启动时的 1/3，故仅仅适合于电动机轻载或空载启动的场合。

二、常用的三相异步电动机Y-△降压启动控制线路

1. 电动机Y-△降压启动控制电路的组成

图 4-6 为电动机Y-△降压启动控制电路。图 4-6 中采用了三个接触器，三个按钮，KM_1 和 KM_3 构成Y形启动电路，KM_1 和 KM_2 构成△形运行电路。SB_1 为停止按钮，SB_2 是Y形启动按钮，SB_3 为△形运行按钮。其中 KM_2 和 KM_3 常闭辅助触点为互锁保护。

2. 电动机Y-△降压启动控制电路的工作原理

先合上电源开关 QS。

（1）Y形启动：按下启动按钮 SB_2，KM_1、KM_3 线圈同时得电自锁，电动机做Y形启动。

（2）△形运行：待电动机转速接近额定转速时，按下启动按钮 SB_3，KM_3 线圈失电Y形电路停止工作，同时接通 KM_2 线圈自锁，电动机转成△形电路全压运行。

三、异步电动机的转矩

电动机在额定负载下工作时的电磁转矩称为额定转矩 T_N，空载转矩为 T_0，机械负载转

矩为 T_2，则有

$$T_2=T_N-T_0=9\ 550\frac{P_N}{n_N}\quad (\text{N}\cdot\text{m})$$

式中 P_N——电动机的额定功率，kW；

n_N——电动机的额定转速，r/min。

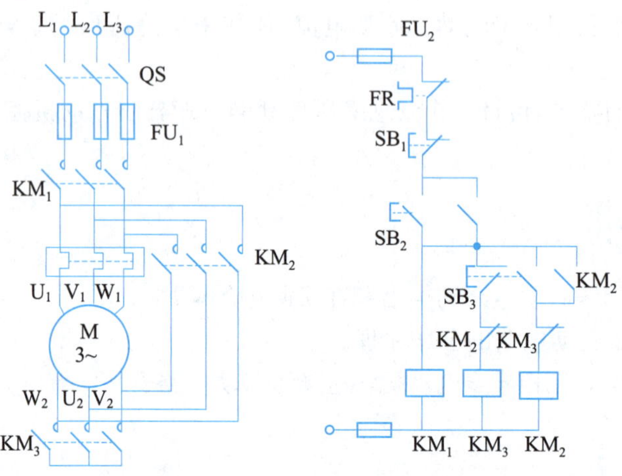

图 4-6 电动机Y-△降压启动控制线路

【例 4-2】 某三相异步电动机的额定数据如下：$U_N=380$ V，$I_N=1.9$ A，$P_N=0.75$ kW，$n_N=2\ 825$ r/min，$\lambda_N=0.84$，Y形接法。求：(1)在额定情况下的效率 η_N 和额定转矩 T_N；(2)若电源线电压为 220 V，该电动机应采用何种接法才能正常运转？此时的额定线电流为多少？

解：(1) $\eta_N=\frac{P_N}{P_1}=\frac{P_N}{\sqrt{3}U_N I_N\lambda_N}=\frac{0.75\times 1\ 000}{1.732\times 380\times 1.9\times 0.84}=0.715$

$$T_N=9\ 550\frac{P_N}{n_N}=9\ 550\times\frac{0.75}{2\ 825}=2.54(\text{N}\cdot\text{m})$$

(2)电源线电压为 220 V，应采用△形接法才能正常运转。

$$I_{\triangle l}=\sqrt{3}I_N=1.732\times 1.9=3.3(\text{A})$$

按照任务书要求完成相应内容，见表 4-7。

表 4-7 学习任务书—三相异步电动机降压启动电路的装调

班级		姓名		组别		日期	
1. 根据任务信息完成下列引导问题 (1)简述三相异步电动机的Y形接法和△形接法。							

续上表

(2)简述三相异步电动机作Y形、△形接法的相电压、相电流与线电压、线电流之间的关系。

(3)三相异步电动机的降压启动方法有哪些？各用到哪些电气元件？

(4)Y-△降压启动，是指电动机启动时，把定子绕组接成________，以降低启动电压，限制启动电流；待电动机启动后，再把定子绕组改接成________，使电动机全压运行。这种启动方法只适用于在正常运行时定子绕组做________连接的异步电动机。

2.任务实施

(1)根据任务要求准备设备与工量具，并在表内填写相关信息。

序号	名称	型号	数量	备注
1	三相异步电动机			
2	空气开关			
3	交流接触器			
4	按钮开关			
5	热继电器			
6	实训操作台			

(2)画出三相异步电动机Y-△启动电路图。

续上表

(3)安装与接线工艺要求。
①逐个检测电气设备和元件的规格和质量是否合格。
②正确选择导线的规格、导线数量等。
③在模拟配线盘上安装线槽和电气元件。
④按照布线的工艺要求进行布线和套编码套管。
⑤布线时,严禁损伤线芯和绝缘导线。
⑥检查电路的接线是否正确。
⑦检查热继电器的整定值是否符合要求。
⑧检查电动机的安装是否牢固;
⑨检测电动机及线路的绝缘电阻,清理安装场地。
(4)通电调试。通电空转试验时,应认真观察各电器元件、线路,出现异常情况应立即停机。
(5)注意事项。
①不要漏接接地线。
②在安装、调试过程中,工具、仪表的使用应符合要求。
③通电操作时,必须严格遵守安全操作规程。

根据任务完成情况,填写表 4-8。

表 4-8 任务评价表—三相异步电动机启动电路的装调

<table>
<tr><th colspan="2">项目</th><th colspan="3">评价内容</th><th>满分</th><th>得分</th></tr>
<tr><td rowspan="7">师评</td><td rowspan="3">知识能力</td><td colspan="3">能正确识读交流电动机的Y-△降压启动控制线路原理图</td><td>10</td><td></td></tr>
<tr><td colspan="3">能正确识别、安装、使用按钮、接触器</td><td>5</td><td></td></tr>
<tr><td colspan="3">能根据图纸要求进行交流电动机Y-△降压启动控制线路安装与接线,并进行检测与调试</td><td>15</td><td></td></tr>
<tr><td rowspan="3">素质</td><td>出勤情况</td><td>出勤</td><td>缺课(　　)</td><td>5</td><td></td></tr>
<tr><td colspan="3">任务书完成情况</td><td>10</td><td></td></tr>
<tr><td colspan="3">任务展示态度积极,口齿清楚,仪态得体</td><td>10</td><td></td></tr>
<tr><td colspan="4">作业</td><td>10</td><td></td></tr>
<tr><td rowspan="4">自评</td><td rowspan="2">自我反思
(自填)</td><td colspan="3"></td><td>—</td><td>—</td></tr>
<tr><td colspan="3"></td><td>—</td><td>—</td></tr>
<tr><td>完成情况</td><td colspan="2">完整(5 分)</td><td>自主(5 分)</td><td>10</td><td></td></tr>
<tr><td>展示汇报</td><td colspan="2">是</td><td>否</td><td>5</td><td></td></tr>
<tr><td rowspan="2">互评</td><td>完成情况</td><td colspan="3">能积极参与讨论,完成任务书</td><td>10</td><td></td></tr>
<tr><td>展示汇报</td><td colspan="3">能够组内积极进行任务展示</td><td>10</td><td></td></tr>
<tr><td colspan="5">总　分</td><td>100</td><td></td></tr>
</table>

一、选择题

1. 异步电动机过载时造成电动机(　　)增加并发热。

A. 铜耗　　B. 铁耗　　C. 铝耗　　D. 转速

2. 三相异步电动机为了使三相绕组产生对称的旋转磁场，各相对应边之间应保持(　　)电角度。

A. 80°　　B. 100°　　C. 120°　　D. 150°

3. 三相异步电动机若要稳定运行，则转差率应(　　)临界转差率。

A. 小于　　B. 等于　　C. 大于　　D. 大于等于

4. 异步电动机中旋转磁场(　　)。

A. 由永久磁铁的磁场作用产生　　B. 由通入定子中的交流电流产生

C. 由通入转子中的交流电流产生　　D. 由通入定子中的直流电流产生

5. 异步电动机在启动瞬间电流(　　)。

A. 很小　　B. 波动　　C. 很大　　D. 无变化

6. 交流传动的明显优点中，(　　)的叙述是错误的。

A. 牵引电机为三相交流同步电动机，不需要换向器，使得电机最大转速大大提高

B. 交流传动系统有良好的牵引、制动控制特性

C. 可实现再生制动，有效地实现了能源的再利用

D. 系统的功率因数接近于1，对电网几乎无谐波污染

7. 三相异步电动机用自耦降压启动器70%的抽头降压启动时，电动机的启动转矩是全压启动转矩的(　　)。

A. 36%　　B. 49%　　C. 70%　　D. 100%

8. 决定三相异步电动机转速的因素是(　　)。

A. 绕组阻值　　B. 电压、电流和磁通

C. 电动机的负荷　　D. 绕组磁极对数和电流频率以及转差率大小

二、计算题

1. 某鼠笼式异步电动机，电压为380 V，接法为△形，额定功率为40 kW，额定转速为1 470 r/min，$T_{ST}/T_N=1.2$。求：(1)额定转矩 T_N；(2)采用Y-△启动时，负载转矩必须小于何值？

2. 一台三相异步电动机的额定数据如下：$U_N=380$ V，$I_N=4.9$ A，$f_N=50$ Hz，$\eta_N=0.82$，$n_N=2\ 970$ r/min，$\lambda_N=0.83$，△形接法。试问这是一台几极的电动机？在额定工作状态下的转差率，输出功率和额定转矩各是多少？

项目五
现代变流技术

现代变流技术
IGBT的特性测试
IGBT应用
IGBT结构与基本参数
IGBT的性能测试
IGBT组成的单相半波可控整流电路测试
单相半波可控整流电路
由IGBT组成的单相半波可控整流电路的测试
认识交—直—交变流器
交—直—交牵引变流器的组成
四象限整流器的工作原理
牵引逆变器的工作原理
牵引逆变器的结构
牵引逆变器的电流通路
三相负载的电压波形
PWM脉宽调制

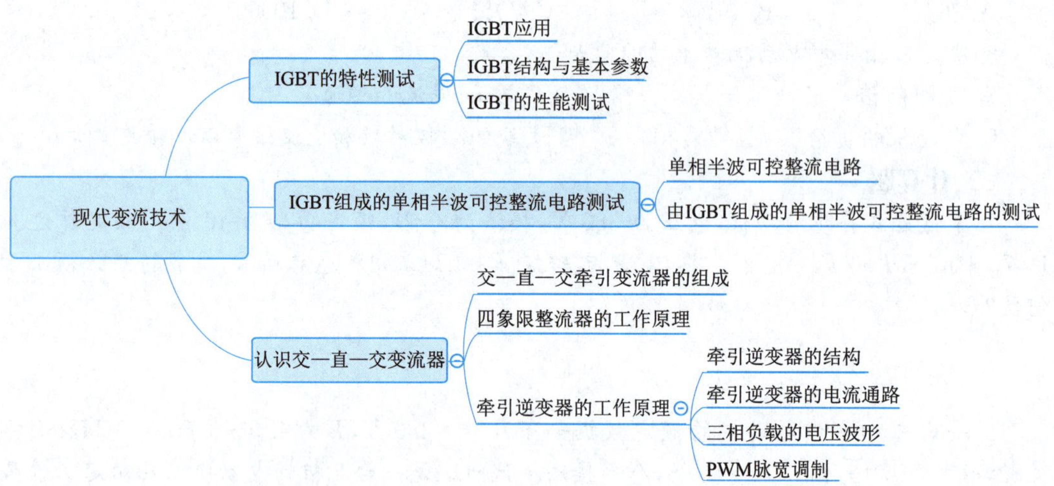

随着现代变流技术的发展，IGBT（绝缘栅双极型晶体管）广泛取代了传统的晶闸管，应用在电力牵引领域。以 IGBT 的广泛应用为代表的现代变流技术，极大地促进了牵引动力的变革，它在电力机车、地铁动车、高速铁路动车组等车辆上均得到了广泛的应用。掌握现代变流技术，是适应牵引动力发展新形势，做好机车电工工作的新要求。

学习目标

1. 了解 IGBT 的基本结构和特性，掌握 IGBT 主要技术参数的物理意义。
2. 设计一个 IGBT 的测试电路，测试基本技术参数。
3. 设计一个 IGBT 的半波整流电路，测试主要技术数据。
4. 了解交—直—交变流器的结构，掌握四象限整流器和牵引逆变器的工作原理。

任务一　IGBT 的特性测试

任务描述

作为新型全控型电力半导体器件，IGBT 在现代电力电子设备中得到了广泛的应用。本任务通过对 IGBT 主要技术参数的测试，学习和掌握 IGBT 的工作性能和技术参数。

1. 设计一个测试 IGBT 主要技术参数的测试电路。
2. 连接 IGBT 的测试电路并测试主要技术参数。

一、IGBT 及应用

1. IGBT 简介

IGBT（Insulated Gate Bipolar Transistor），绝缘栅双极晶体管，结合了 GTR 和 MOSFET 的优点，驱动原理与 MOSFET 基本相同，是一种场控器件，其开通和关断由栅极和发射极间的电压 U_{GE}决定的，当达到一定电压时，MOSFET 内形成沟道，并为晶体管提供基极电流，使 IGBT 导通，该电压称为开启电压 $U_{GE(th)}$。

开启电压 $U_{GE(th)}$ 是 IGBT 实现导通的最低栅射极电压，$U_{GE(th)}$ 随温度升高而略有下降，温度每升高一度，其值下降 5 mV 左右。在 25 ℃时，$U_{GE(th)}$ 一般为 2～6 V。

IGBT 开关速度高，开关损耗小。1 000 V 以上时，IGBT 的开关损耗只有 GTR 的 1/10，与 MOSFET 相当；IGBT 通态压降比 VDMOSFET 低，特别在电流较大区域。IGBT 输入阻抗高，输入特性与 MOSFET 相当。

在保持高开关频率下耐压和通流能力还可提高。

2. IGBT 的应用

IGBT 作为上一代可控管的替代产品，被广泛应用于大功率整流和逆变电路中。电力机车的交—直—交变流器和地铁车辆的牵引逆变器中均使用了 IGBT。IGBT 在交—直—交变流电路中的应用如图 5-1 所示。

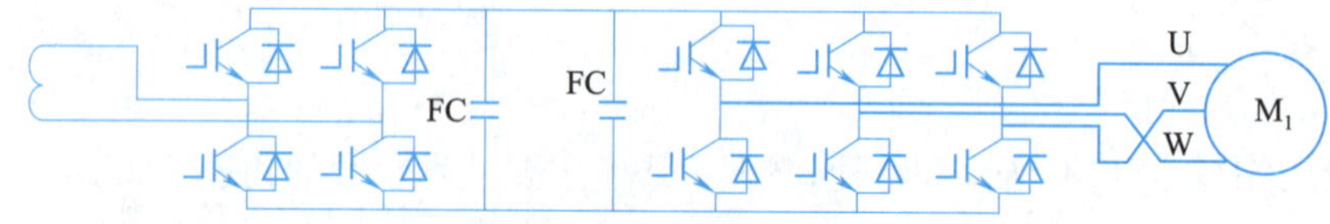

图 5-1　变流电路中的 IGBT

二、IGBT 的结构与特性

1. IGBT 的结构和基本工作原理

(1)IGBT 的基本结构

IGBT 是三端器件，它的三个极为漏极(D)、栅极(G)和源极(S)。有时也将 IGBT 的漏极称为集电极(C)，源极称为发射极(E)，栅极称为门极(G)。IGBT 的结构简图、等效电路图和电气符号如图 5-2 所示。电力机车上的 IGBT 功率模块实物如图 5-3 所示。

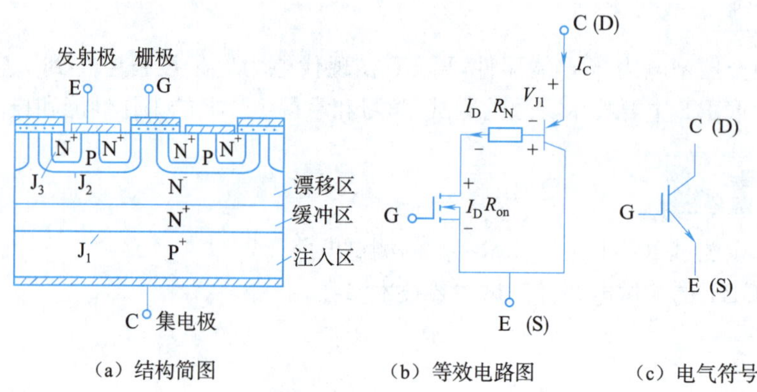

(a) 结构简图　　(b) 等效电路图　　(c) 电气符号

图 5-2　IGBT 基本结构

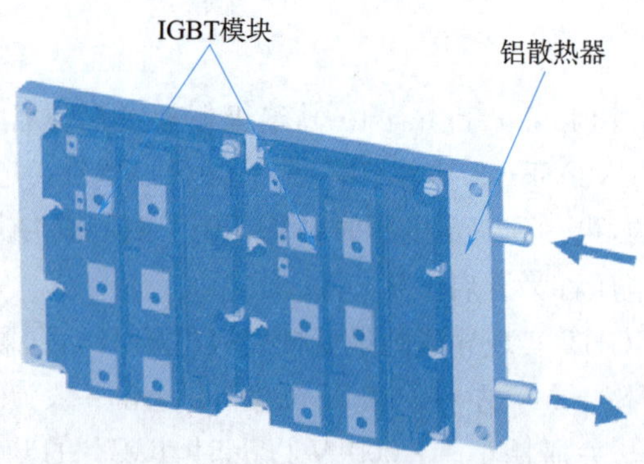

图 5-3　变流电路中的 IGBT 功率模块

(2) IGBT 的工作原理

IGBT 是一种压控驱动型器件，其开通和关断是由栅极和发射极间的电压 U_{GE} 决定的，当 U_{GE} 为正且大于开启电压 $U_{GE(th)}$ 时，MOSFET 内形成沟道，并为晶体管提供基极电流使其导通。当栅极与发射极之间加反向电压或不加电压时，MOSFET 内的沟道消失，晶体管无基极电流，IGBT 关断。

(3)静态特性

IGBT 的转移特性描述的是集电极电流 I_C 与栅极和发射极电压 U_{GE} 之间的关系，如图 5-4(a)所示。

IGBT 的输出特性也称伏安特性，它描述的是以 U_{GE} 电压为参考变量时，集电极电流 I_C 与集射极间电压 U_{CE} 之间的关系，如图 5-4(b)所示。

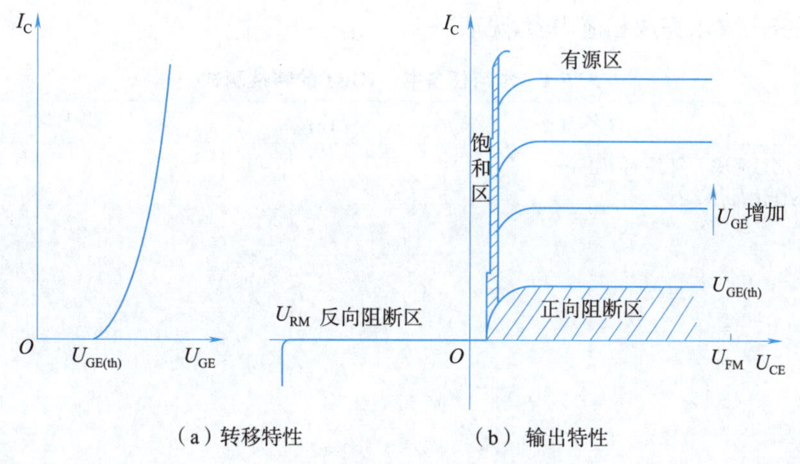

(a) 转移特性　　(b) 输出特性

图 5-4　IGBT 的转移特性和输出特性

(4)IGBT 的主要参数

①集电极—发射极额定电压 U_{CES}：这个电压值是厂家根据器件的雪崩击穿电压而规定的，是栅极—发射极短路时 IGBT 能承受的耐压值，即 U_{CES} 值小于等于雪崩击穿电压。

②栅极—发射极额定电压 U_{GES}：IGBT 是电压控制器件，靠加到栅极的电压信号控制IGBT的导通和关断，而 U_{GES} 就是栅极控制信号的电压额定值。目前，IGBT 的 U_{GES} 值大部分为+20 V，使用中不能超过该值。

③额定集电极电流 I_C：该参数给出了 IGBT 在导通时能流过管子的持续最大电流。

三、IGBT 的性能测试

IGBT 的导通与关断受门极电压的控制。图 5-5 所示是 IGBT 的测试电路。当工作电压 U_1 加在 IGBT 的电路上后，只要 U_2 电压达到 IGBT 的 U_{GE}，IGBT 即可导通，E_L 点亮。改变 U_1 和 U_2 的电压，观察 E_L 的状态，记录和分析 IGBT 的导通和截止的条件。

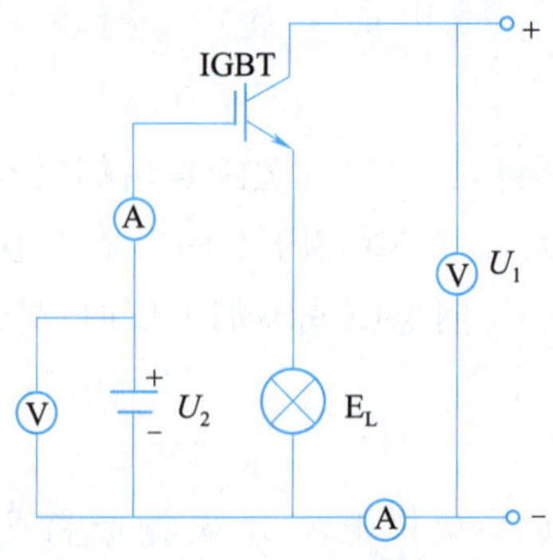

图 5-5　IGBT 测试电路

按照任务书要求完成相应内容，见表 5-1。

表 5-1　学习任务书—IGBT 的特性测试

班级		姓名		组别		日期	
1. 根据任务信息完成下列引导问题 (1)IGBT 的作用是什么？ (2)IGBT 应用在哪些场合？ (3)IGBT 的管脚有哪几个？作用是什么？							

续上表

(4)IGBT 的主要技术参数有哪些？参数范围怎样？

2.任务实施

(1)根据任务要求准备设备与工量具，并在表内填写相关信息。

序号	名称	型号	数量	备注
1	IGBT			
2	直流电源			
3	电压表			
4	电流表			
5	万用表			
6	导线等			

(2)设计一个 IGBT 的特性测试电路。

(3)按照设计的电路，完成接线。

①逐个检测电气设备和元件的规格和质量是否合格。

②正确选择导线的规格、数量等。

③连接 IGBT 管脚时不要损伤管脚。

④接线完成后清理实验台面。

(4)检查无误后打开电源开关，观察并记录测试数据。

U_1	20 V			
U_2	0	5 V	10 V	15 V
A_1				
A_2				
E_L 状态				

(5)分析 IGBT 的导通与关断条件。

根据任务完成情况，填写表 5-2。

表 5-2　任务评价表—IGBT 参数测试

项目		评价内容			满分	得分
师评	知识能力	能正确识别 IGBT 管脚			10	
		能正确连接 IGBT 测试电路			10	
		能正确分析对测试数据			10	
	素质	出勤情况	出勤	缺课(　　)	5	
		任务书完成情况			10	
		任务展示态度积极，口齿清楚，仪态得体			10	
	作业				10	
自评	自我反思（自填）				—	—
					—	—
	完成情况	完整(5 分)	自主(5 分)		10	
	展示汇报	是	否		5	
互评	完成情况	能积极参与讨论，完成任务书			10	
	展示汇报	能够组内积极进行任务展示			10	
总　　分					100	

任务二　IGBT 组成的单相半波可控整流电路测试

针对 IGBT 的工作特性，设计一个应用 IGBT 组成的单相半波可控整流电路，用示波仪观察 IGBT 的整流作用及其输入、输出电压波形，理解和巩固 IGBT 导通与截止的条件。

1. 设计一个利用 IGBT 搭建的单相半波整流电路。
2. 连接并测试 IGBT 单相半波可控整流电路，用示波仪观察输入输出波形。

一、单相半波可控整流电路

整流电路是利用半导体器件的单向导电性，将交流电变换为单向流动的直流电。可控元件在变流设备中的应用，在整流的过程中完成了输出电压的调节，简化了控制电路。图 5-6 为典型的单相半波可控整流电路及其相关电压的波形图。

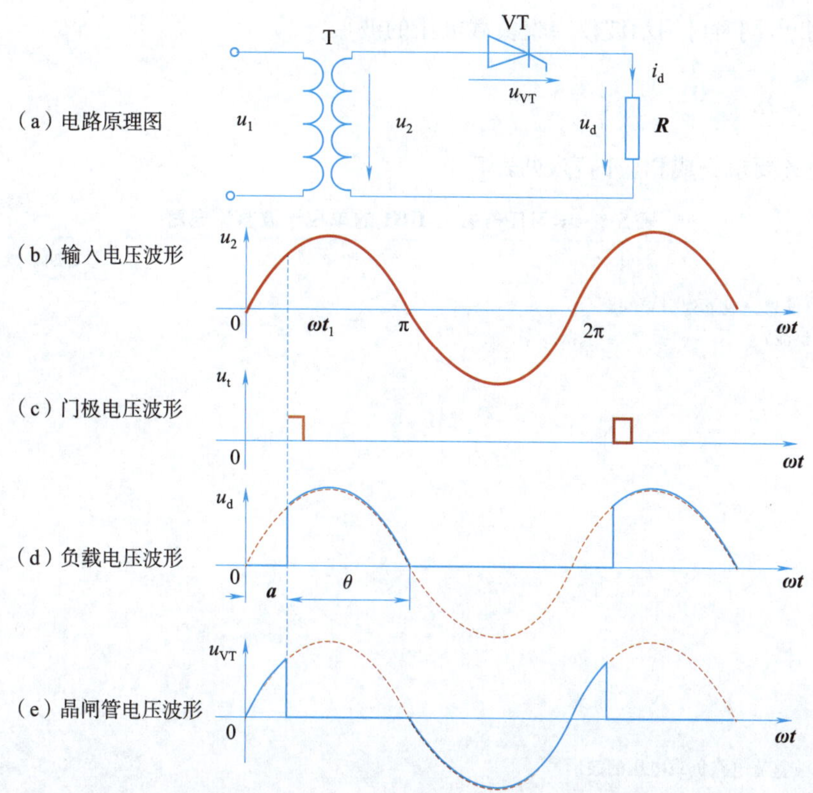

图 5-6　单相半波可控整流电路及相关电压波形

电路由电源变压器 T、晶闸管 VT、负载电阻 R 组成。变压器输出电压 u_2 为整流电路的输入电压。在 u_2 为正半周电压时，若晶闸管 VT 的门极接收到触发信号 u_g 则导通，负载电阻上得到 u_2 电压，而在晶闸管触发信号 u_g 到来前和 u_2 负半周时，负载电阻上电压为 0。晶闸管在阻断状态下承受电源 u_2 的电压。

电源电压 u_2、晶闸管电压 u_{VT}、负载电压 u_d 三者关系为

$$u_2 = u_{TV} + u_d$$

各电压参考方向如图 5-6 所示，图中 α 为晶闸管的触发角，θ 为导通角。

二、由 IGBT 组成的单相半波可控整流电路的测试

单相半波可控整流电路由主电路和门极触发电路两部分组成。输入电压 u_1 为单相交流电，主电路由 IGBT 与 E_L 灯组成，IGBT 的导通由门极触发信号 u_{GE} 控制，u_{GE} 电压由电容 C 充电到一定电压后向 IGBT 门极输出脉冲信号，电容 C 在电源正半周时向电容充电，充电的快慢由电位器 R_p 控制。图 5-7 所示为由 IGBT 组成的单相半波可控整流电路。

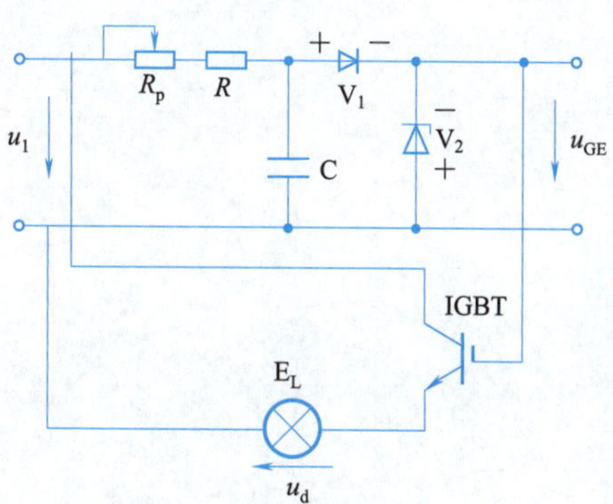

图 5-7　用 IGBT 管组成的单相半波可控整流电路

负载电压 u_d 的高低由触发脉冲的触发角 α 决定。α 的大小可以调节电位器 R_p，通过调节电容 C 的充电时间来控制触发脉冲的位置，即 IGBT 的导通时刻。进而调节 u_d 的大小，通过观察 E_L 灯的明

暗程度来判断，同时可用示波仪观察负载电压的波形。

按照任务要求完成相应内容，见表 5-3。

表 5-3　学习任务书—IGBT 的单相半波整流电路

班级		姓名		组别		日期	
1. 根据任务信息完成下列引导问题 (1)什么是整流？ (2)画出半波整流电路负载电压的波形。 (3)IGBT 导通的两个条件是什么？							

续上表

(4)何为控制信号与主电路电压的同步？

(5)用示波仪观测的电压测试点有几个？

2. 任务实施

(1)根据任务要求准备设备与工量具，并在表内填写相关信息。

序号	名称	型号	数量	备注
1	IGBT			
2	示波仪			
3	触发信号板			
4	E_L灯			
5	万用表			
6	导线等			

(2)设计一个 IGBT 组成的单相半波可控整流电路。

(3)按照设计的电路，连接完成接线：

①逐个检测电气设备和元件的规格和质量是否合格。

②正确选择导线的规格、导线数量等。

③连接 IGBT 管脚时不要损伤管脚。

④接线完成后清理实验台面。

续上表

(4)检查无误后打开电源开关，调节 R_p，观察 E_L灯状态，用示波仪观察，画出物理量波形。				
	u	u_d	u_{GE}	E_L
R_{p1}				
R_{p2}				
R_{p3}				

根据任务完成情况，填写表 5-4。

表 5-4 任务评价表—单相半波整流电路测试

项目		评价内容			满分	得分
师评	知识能力	能正确识认连接整流电路			10	
		能正确使用示波仪观测测试波形			10	
		能正确分析测试结果			10	
	素质	出勤情况	出勤	缺课(　　)	5	
		任务书完成情况			10	
		任务展示态度积极，口齿清楚，仪态得体			10	
	作业				10	
自评	自我反思（自填）				—	—
					—	—
	完成情况	完整(5 分)	自主(5 分)		10	
	展示汇报	是	否		5	
互评	完成情况	能积极参与讨论，完成任务书			10	
	展示汇报	能够组内积极进行任务展示			10	
总　分					100	

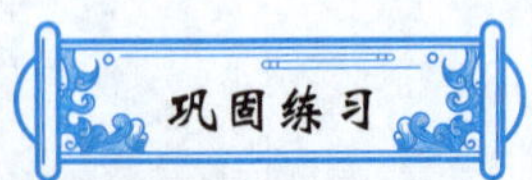

试画出触发角 $\alpha=90^\circ$时，单相半波可控整流电路的负载电压 u_d，晶闸管电压 u_{VT}以及负载电流 i_d 的波形(电阻性负载)。思考如果负载为电感性负载，电流的波形会有何变化?

任务三　认识交—直—交变流器

任务描述

交—直—交变流是现代电力牵引的核心技术。交流传动的电力机车等都是利用交—直—交变流器作为牵引电机的供电电源。

1. 掌握交—直—交变流器的主要结构及各部分的作用。
2. 掌握四象限整流器的工作原理。
3. 掌握牵引逆变器的工作原理。

一、交—直—交牵引变流器的组成

牵引变流器完成接触网单相交流电与牵引电机三相交流电之间的转换，对牵引电机起到控制和调节作用，从而控制机车的运行。

电力机车上的每台牵引电机由一组牵引变流器独立供电。每组牵引变流器由四象限整流器、中间直流回路和 PWM 牵引逆变器组成。

四象限整流器可实现变压器牵引绕组与中间直流回路之间的功率往返传递。

中间直流回路以支撑电容为储能元件，起缓冲和稳定中间直流回路电压的作用。

牵引逆变器由 U、V、W 三相逆变单元构成，将中间直流回路的直流电转换为交流电驱动牵引电机。通过改变输出电压和频率来控制牵引电机的转矩和转速。HXD$_3$ 型电力机车主电路如图 5-8 所示。

二、四象限整流器的工作原理

图 5-9 所示为机车电路中的四象限整流电路。该电路由主变压器提供输入电压 u_c，负载为中间直流回路电压 u_d，AK 为预充电接触器，在整流电路工作前向中间直流回路充电。K 为工作接触器，整流器工作时闭合。FC 为中间直流回路保持电压稳定的支撑电容。四个IGBT管 QU、QV、QX、QY 构成四象限整流器的 4 个桥臂，二极管 FDU、FDV、FDX、FDY 起 IGBT 保护作用。ACCT 为输入电流互感器，对输入电流起检测作用。

图 5-10 所示为单相桥式可控整流电路的电压、电流波形图。图 5-10 中的 α 为 IGBT 的控制角（也叫触发角），是 IGBT 上正向电压过零点后的延时导通时刻。

当电源电压 u_C 为正半周时，0～α 间，4 个 IGBT 均不导通，输出电压 u_d 为 0；α 时刻，4 个 IGBT 均接受控制电压，QU，QY 的集电极因正向电压而导通，负载电压 u_d 的波形与输入电压 u_c 相同。

当电源电压 u_c 进入负半周后，输入电压 u_c 过 0 点，由于 QU、QY 中流过续流电流而继续导通，负载电压 u_d 继续随 u_c 的变化而向负电压方向变化，u_d 电压出现负值，如图 5-10 中 u_d 波形所示。在 $\pi+\alpha$ 时间内，虽然 QV、QX 上承受正向电压，但由于此时没有触发信号而不能导通，在 $\pi+\alpha$ 时刻，QV、QX 栅极接收到触发信号而导通，负载电压 u_d 由负电压跳变到正向电压，与负半周的 u_c 电压整流后波形相同，直至一个电源周期结束（2π 时刻）。

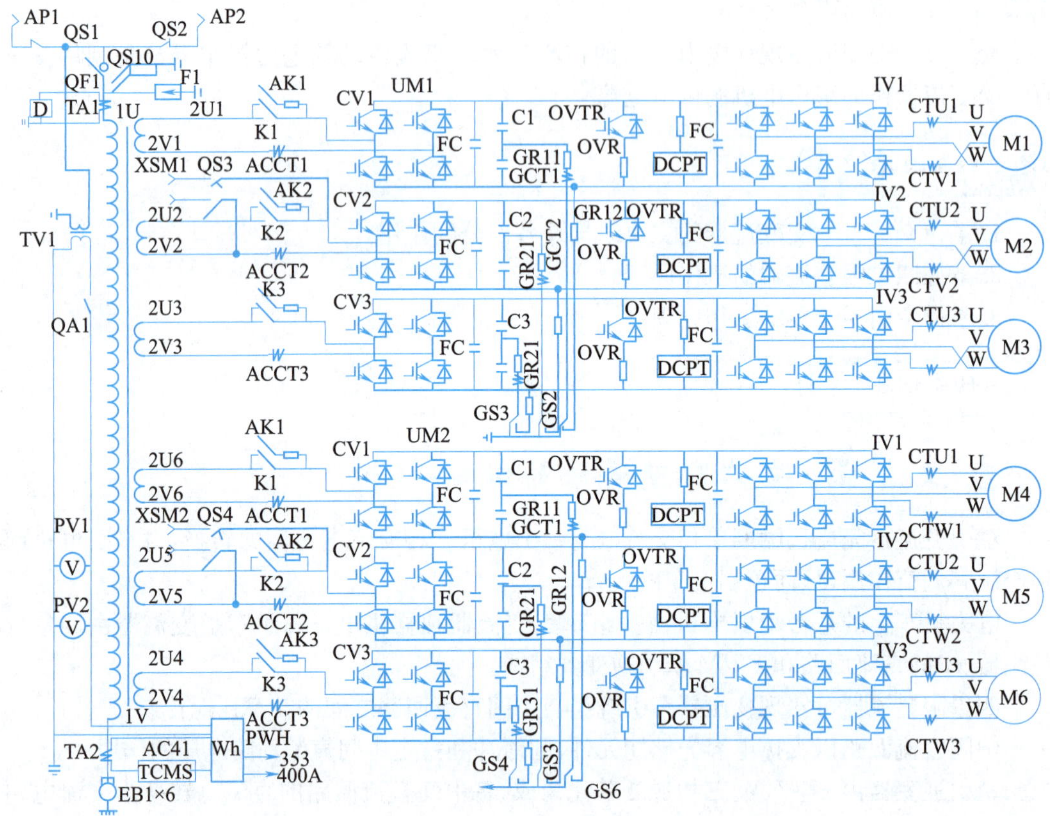

图 5-8　HXD3 型电力机车主电路图

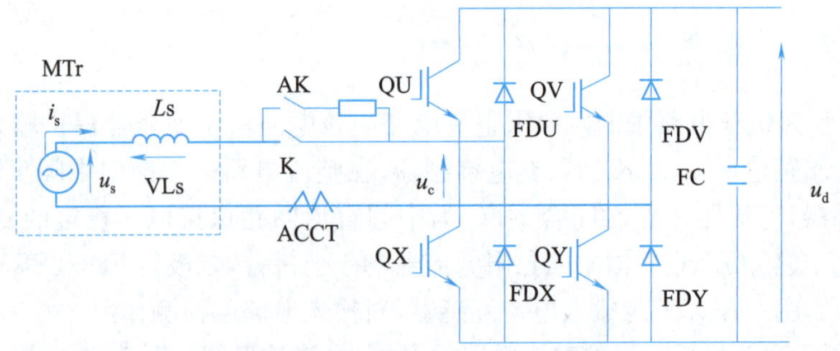

图 5-9　机车电路中的四象限整流器

电流方面，由于中间直流回路支撑电容的稳压作用，各管导通时流过电流，变压器绕组中的电流 i_s 为按电源频率变化的交变电流，如图 5-10 中的 i_s 波形。

IGBT 上的电压在导通时为 0，关断时承受电源电压 u_c。QU、QY 管上的电压波形如图 5-10中的 u_U、u_Y。

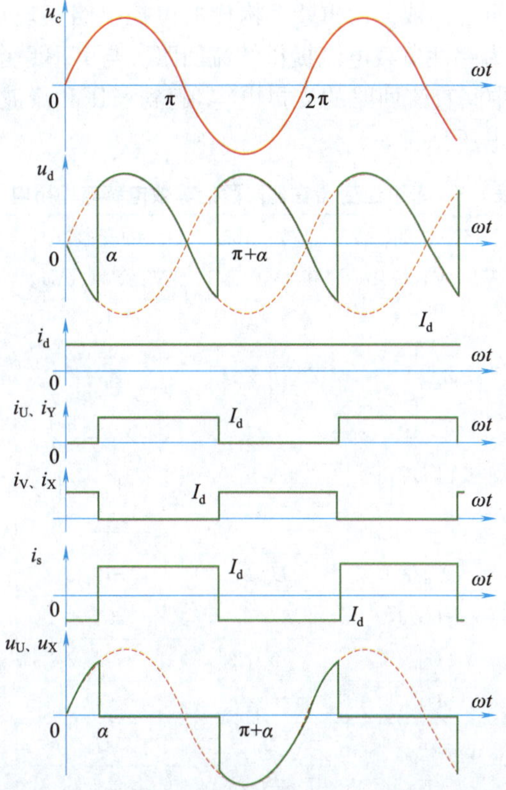

图 5-10　单相桥式可控整流电路的电压与电流波形

三、牵引逆变器的工作原理

1. 牵引逆变器的结构

牵引逆变器的作用是将中间回路的直流电压采用PWM脉宽调制方式逆变成三相交流电为牵引电机提供变频电源。

牵引逆变器由 VT_1～VT_6 6 个 IGBT 组成三相桥式逆变电路，门极接受触发信号。图 5-11中标出的顺序为 IGBT 的触发导通顺序。二极管 VD_1～VD_6 起续流作用。

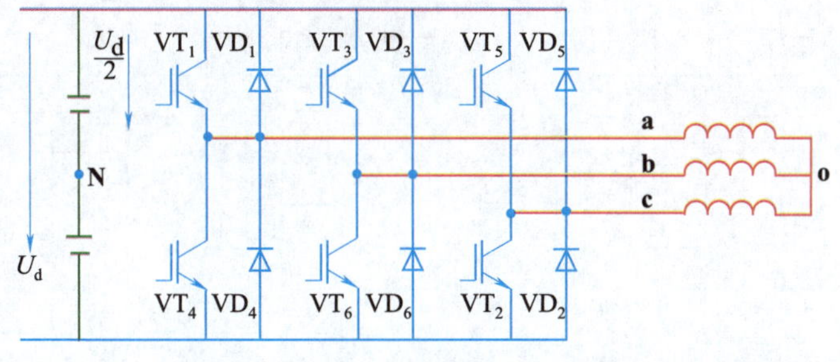

图 5-11　牵引逆变器工作原理图

2. 牵引逆变电路的电流通路

图 5-12 所示为一个由 6 个 IGBT，即 VT_1～VT_6 组成的牵引逆变电路，可以看成是三

个单相半控桥逆变电路组合而成。由 IGBT 构成的可控电路实现直流到交流的逆变，由二极管构成的不可控电路为感性负载电流提供续流回路。与 IGBT 并联的 6 个二极管 VD_1～VD_6 称为续流二极管。中间直流回路的支撑电容，起到稳压和滤波作用。牵引逆变器在各阶段的等效电路与输出电压见表 5-5。

表 5-5　牵引逆变器在各阶段的等效电路与输出电压

阶段		0～60°	60°～120°	120°～180°	180°～240°	240°～300°	300°～360°
导通元件		VT_1、VT_5、VT_6	VT_1、VT_6、VT_2	VT_1、VT_3、VT_2	VT_3、VT_4、VT_2	VT_3、VT_5、VT_4	VT_5、VT_4、VT_6
等效电路		+ Z_a Z_c o Z_b −	+ Z_a o Z_b Z_c −	+ Z_a Z_b o Z_c −	+ Z_b o Z_a Z_c −	+ Z_b Z_c o Z_a −	+ Z_c o Z_a Z_b −
相电压	u_{ao}	$U_d/3$	$2U_d/3$	$U_d/3$	$-U_d/3$	$-2U_d/3$	$-U_d/3$
	u_{bo}	$-2U_d/3$	$-U_d/3$	$U_d/3$	$2U_d/3$	$U_d/3$	$-U_d/3$
	u_{co}	$U_d/3$	$-U_d/3$	$-2U_d/3$	$-U_d/3$	$U_d/3$	$2U_d/3$
线电压	u_{ab}	U_d	U_d	0	$-U_d$	$-U_d$	0
	u_{bc}	$-U_d$	0	U_d	U_d	0	$-U_d$
	u_{ca}	0	$-U_d$	$-U_d$	0	U_d	U_d

3. 三相负载的电压波形

牵引逆变器的负载是电感性负载的异步电动机，其电流波形在负载电感的作用下将趋于平滑，其平滑程度将与输出电压的频率有关。

当电压频率较高时，绕组电感对电流的滞后作用相对突出，获得接近正弦形的电流波形，如图 5-12(a)所示。

当电压频率较低时，绕组电感只能在电压阶跃变化的一个较短暂时间内对电流起滞后作用，电流波形将与电压波形接近，如图 5-12(b)所示。

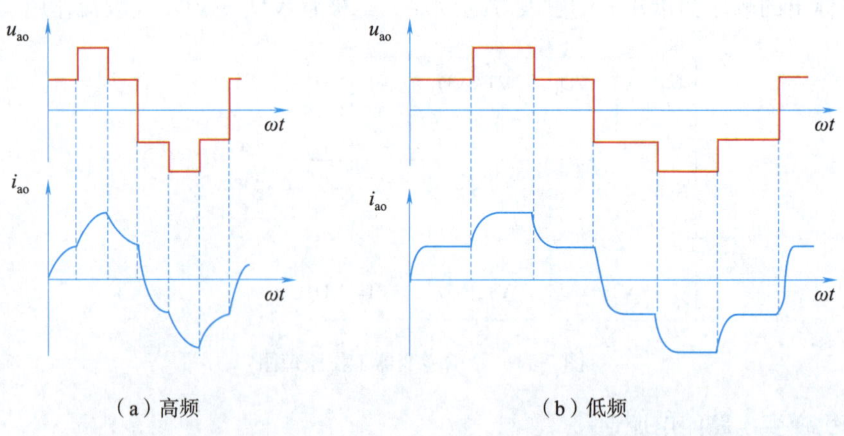

图 5-12　不同频率下的电动机电流波形

4. PWM 脉宽调制

脉宽调制是通过对一系列脉冲的宽度进行调制，等效出所需要的波形（含形状和幅值）。

输出电压半周期内，器件通、断各 3 次（不包括 0 和 π）共 6 个开关时刻的电压波形，如图 5-13所示。

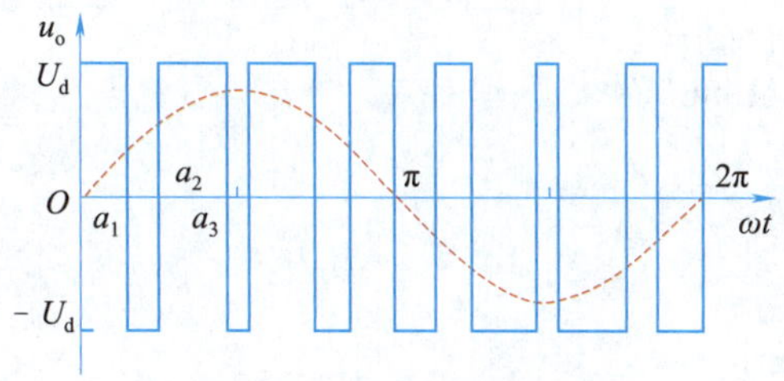

图 5-13　PWM 脉宽调制电压波形

牵引逆变器的输出电压波形如图 5-14 所示。中间直流回路的电压 U_d 看成两个 $U_d/2$ 串联而成，这样就有了虚拟的 N 点。u_{aN}、u_{bN}、u_{cN} 为牵引逆变器的三相输出电压对 N 点的电压波形；u_{ab} 为三相输出的线电压；u_{ao} 为三相输出的相电压波形。

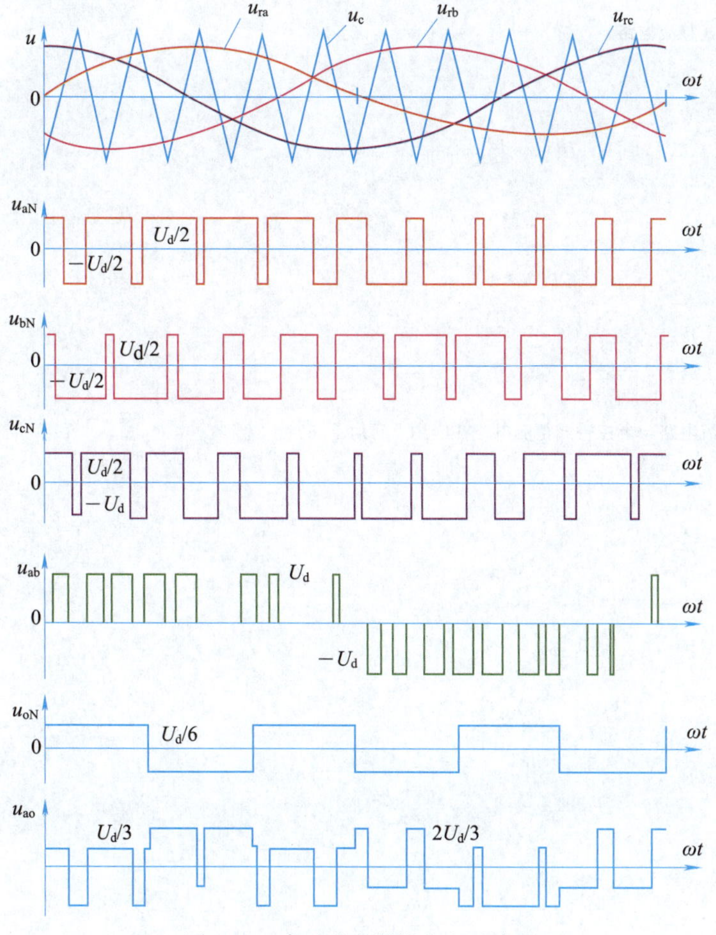

图 5-14　牵引逆变器输出电压波形

按照任务书要求完成相应内容，见表 5-6。

表 5-6　学习任务书—认识交—直—交变流器

班级		姓名		组别		日期	
1. 根据任务信息完成下列引导问题 (1)可控整流电路是如何调节输出电压的？ (2)画出典型桥式整流电路。 (3)全控桥式整流电路与半控桥式整流电路在应用上有何不同？							

续上表

(4)全控桥式整流电路如何实现逆变?

2. 任务实施

(1)学习四象限整流电路原理回答下列问题。

①分析电源 u_c 正半周时哪些 IGBT 承受正向电压,并写出电流路径。

②分析电源 u_c 负半周时哪些 IGBT 承受正向电压,并写出电流路径。

续上表

③在题图 5-1 中画出 QV、QX 管的电流、电压波形。

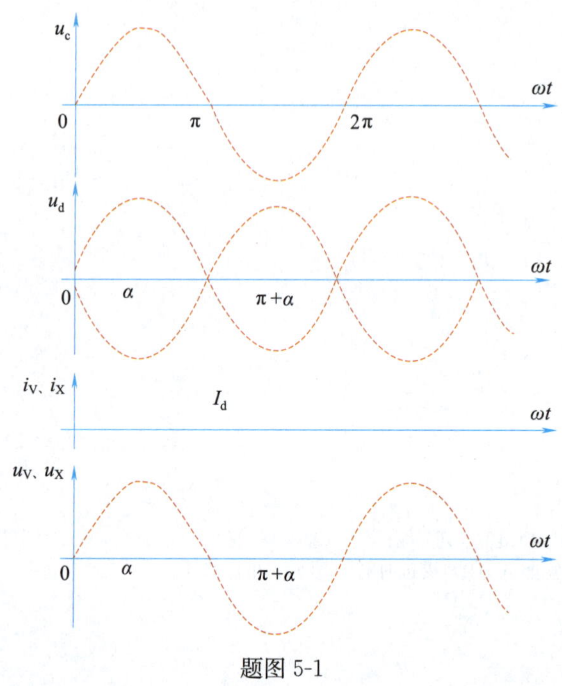

题图 5-1

(2)学习牵引逆变器原理回答下列问题。

①画出牵引逆变器在 $\alpha=0\sim60^\circ$时的电流通路简图。

②牵引逆变器输出端在一个周期内,相电压的变化规律怎样?

续上表

③什么是脉宽调制？   ④画出脉宽调制的单相电压变化原理图。

根据任务完成情况，填写表 5-7。

表 5-7　任务评价表—认识交—直—交变流器

项目		评价内容			满分	得分
师评	知识能力	掌握交—直—交变流器的结构			10	
		正确分析四象限整流器的电流路径			10	
		掌握牵引逆变器的 IGBT 触发顺序			10	
	素质	出勤情况	出勤	缺课(　　)	5	
		任务书完成情况			10	
		任务展示态度积极，口齿清楚，仪态得体			10	
	作业				10	
自评	自我反思 （自填）				—	—
					—	—
	完成情况	完整(5 分)	自主(5 分)		10	
	展示汇报	是	否		5	
互评	完成情况	能积极参与讨论，完成任务书			10	
	展示汇报	能够组内积极进行任务展示			10	
总　分					100	

1. 画出四象限整流器的原理图，说明电源负半周时的电流路径。

2. 画出牵引逆变器的工作原理图，说明各 IGBT 的导通顺序。

项目六
现代电气控制技术

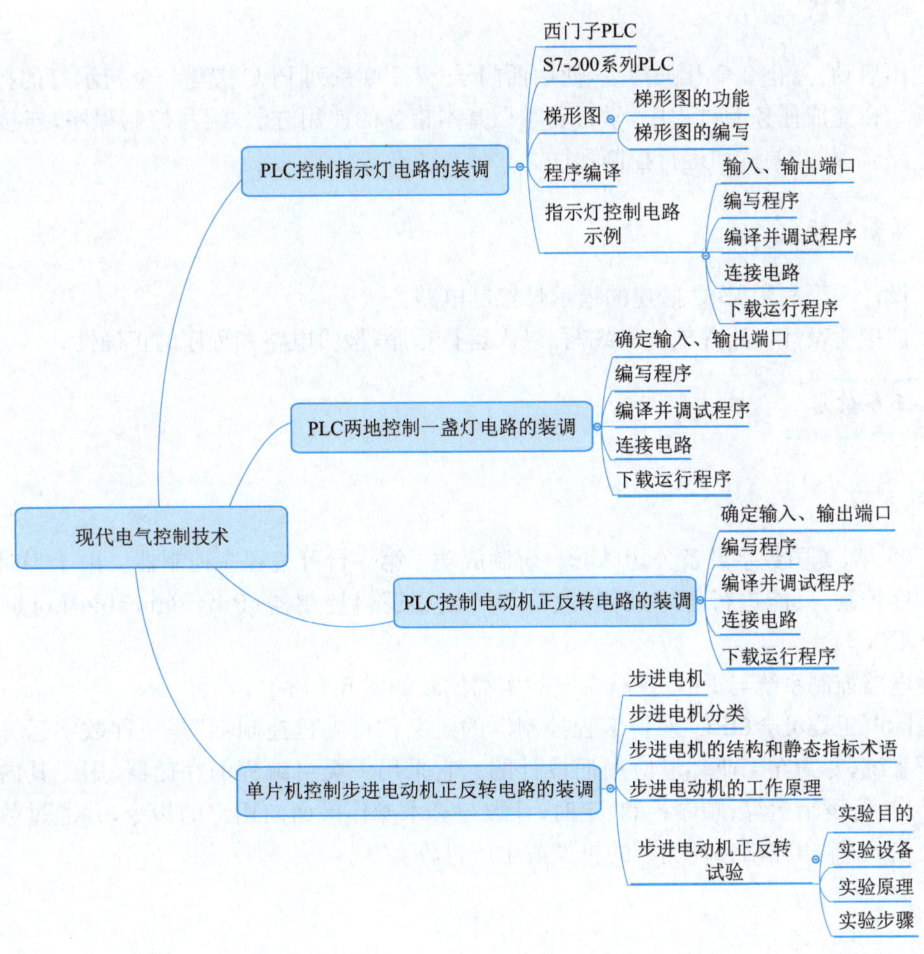

随着计算机技术在控制领域的应用，我国电机控制系统朝着更加智能化、数字化的方向发展。可编程控制器和单片机在工业控制中的广泛应用，加速了电机数字化控制的进程。电动机的驱动控制已由模拟控制被数字化控制取代，智能化控制已成为电动机控制的主流手段。

学习目标

1. 设计并完成 PLC 控制指示灯电路的安装与调试。
2. 设计并完成 PLC 两地控制一盏灯电路的安装与调试。
3. 设计并完成 PLC 控制电动机正反转电路的安装与调试。
4. 设计并完成单片机控制步进电动机正反转电路的安装与调试。

任务一　PLC 控制指示灯电路的装调

利用启动、停止 2 个开关指令，使用西门子 S7-200 系列 PLC 搭建一个指示灯的控制电路系统。在完成任务的过程中，学习和掌握基本指令的使用方法，编写控制程序，连接 PLC 外围电路，下载并调试和运行控制程序。

1. 设计一个利用 PLC 搭建的指示灯控制电路。
2. 连接所设计电路并输入和编写、录入运行程序，检验电路和程序的正确性。

一、西门子 PLC 概述

1969 年，美国数字设备公司(DEC)研制成功了第一台可编程序控制器。由于当时主要用于顺序控制，只能进行逻辑运算，故称为可编程逻辑控制器(Programmable Logic Controller，PLC)。

继电器控制系统与 PLC 控制系统的实物比较如图 6-1 所示。

国际电工委员会(IEC)对可编程控制器的定义："可编程控制器"是一种数字运算操作的电子系统，专为在工业环境应用而设计的。它采用一类可编程的存储器，用于其内部存储程序，执行逻辑运算、顺序控制、定时、计数与算术操作等面向用户的指令，并通过数字或模拟式输入/输出控制各种类型的机械或生产过程。

二、S7-200 系列 PLC 主要机型

S7-200 系列可编程控制器是西门子 PLC 产品中的小型 PLC，即 Micro PLC。根据中央处理单元的不同，分为 CPU221、CPU222、CPU224、CPU226 等型号。

（a）继电器控制系统　　（b）PLC控制系统

图 6-1　继电器控制系统与 PLC 控制系统对比

1. CPU221

图 6-2 所示为 CPU221 型 PLC。该机集成 6 个输入，4 个输出共 10 个数字量 I/O 端口，无 I/O 扩展能力。6 KB 字节程序和数据存储空间。4 个独立的 30 kHz 高速计数器，2 路独立的20 kHz高速脉冲输出。1 个 RS-485 通信/编程口，具有 PPI 通信协议、MP1 通信协议和自由方式通信能力，是一种适合于小型数控的微型控制器。

2. CPU226

CPU226 型 PLC 外形如图 6-3 所示。该机集成 24 个输入 16 个输出，共 40 个数字量 I/O 端口。它可连接 7 个扩展模块。最大扩展至 248 路数字量 I/O 端口或 36 路模拟量 I/O 端口，13 KB 字节程序和数据存储空间，6 个独立的 30 kHz 高速计数器，2 路独立的 20 kHz 高过脉冲输出，具有 PID 控制器。2 个 RS-485 通信/编程口，具有 PPI 通信协议，MPI 通信协议和自由方式通信能力。I/O 端子排可很容易地整体拆卸。用于较高要求的控制系统，具有更多的输出点，更强的模块扩展能力，更快的运行速度和功能更强的内部集成特殊功能，可完全用于一些复杂的中小型控制系统。

图 6-2　CPU221

图 6-3　CPU226

CPU226 型 PLC 的端口如图 6-4 所示。

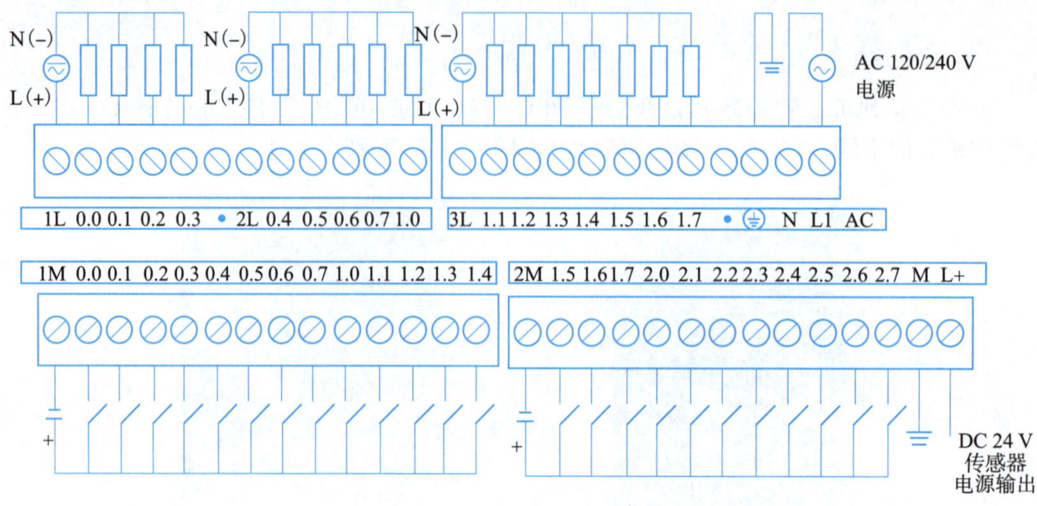

图 6-4　CPU226 型 PLC 的端口

三、梯形图

1. 梯形图的功能

梯形图是一种图形化的语言，用以替代代码程序。

梯形图是 PLC 使用最多的图形编程语言；程序图中，左右母线类似于继电器与接触器控制电源线，输出线圈类似于负载；输入触点类似于按钮。梯形图由若干阶梯构成，自上而下排列，每个阶梯起于左母线，经过触点与线圈，止于右母线。

2. 梯形图的编写

(1)梯形图输入、输出符号

梯形图中表示输入和输出的符号如图 6-5 所示。

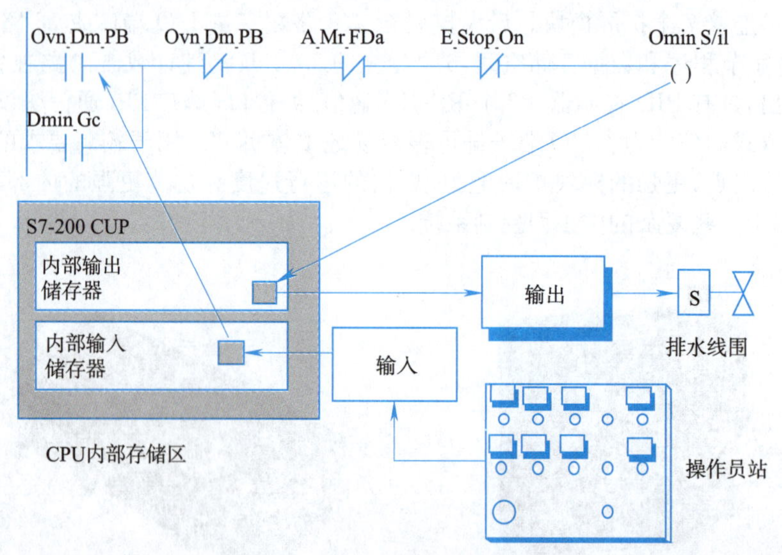

图 6-5　梯形图中的输入与输出

(2)输入的常闭与常开

梯形图中表示输入信号的常闭与常开的符号如图 6-6 所示。

(3)控制流程的走向

梯形图中通过节点的改变控制流程的走向,如图 6-7 所示。

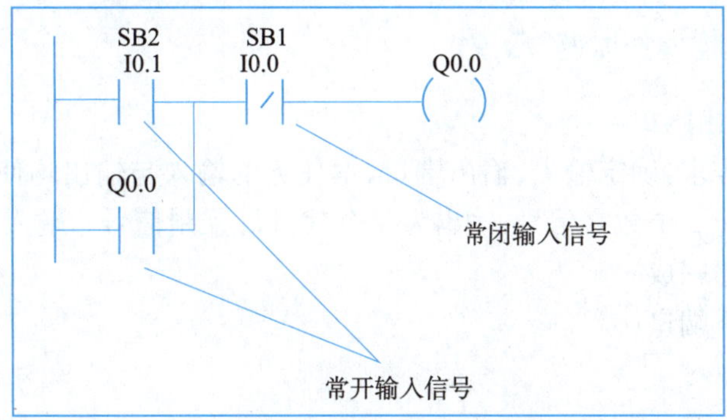

图 6-6　输入信号中的常闭与常开

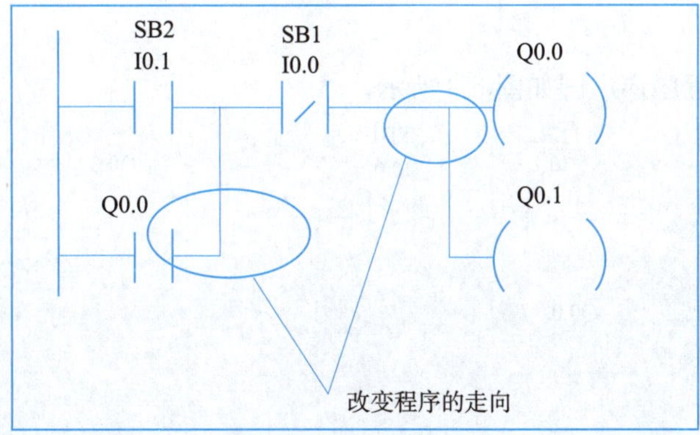

图 6-7　程序流程的走向

四、程序的编译

程序的编译就是计算机系统对用户程序进行识别,并翻译成机器语言的过程。程序录入系统后,编译的过程可以发现和修改错误的语句。

经过编译的程序需要下载到 PLC 主机中。可以按照以下步骤进行:

(1)连接计算机与 PLC 之间的编程传输电缆线。一端接计算机的 USB 口,另一端接 PLC 的 RS-485 口,如图 6-8 所示。

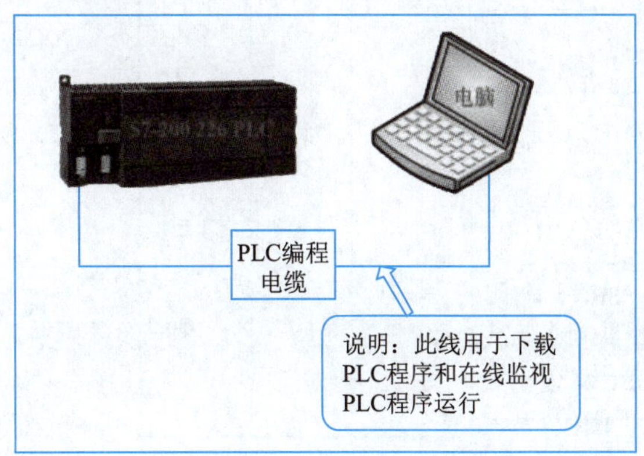

图 6-8　计算机与 PLC 的连接

(2)点击下载程序,等待程序传输完成后可以操作试验箱上的启动、停止按钮,观察PLC的输出是否正确。

五、指示灯控制电路示例

1. 确定输入、输出端口

首先根据任务需求,确定输入、输出端口,本任务的输入与输出均使用DC 24 V电源,输入量为启动和停止2个数字信号;输出为1个信号灯控制信号。输入与输出信号之间的逻辑关系由控制程序完成。

本示例选取如下端口:

启动:I0.1

停止:I0.0

负载(指示灯):Q0.0

2. 编写程序

本示例的控制程序梯形图如图6-9所示。

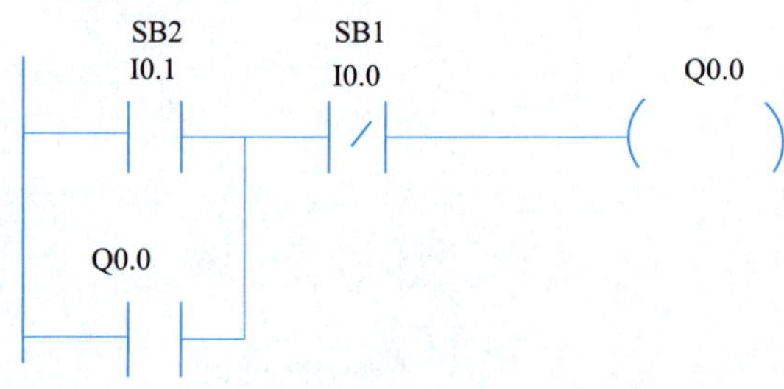

图6-9 指示灯控制程序梯形图

3. 编译并调试程序

将编写的程序录入系统中并编译和调试。

4. 按照接线表连接电路

按照图6-10所示和表6-1完成电路的连接。

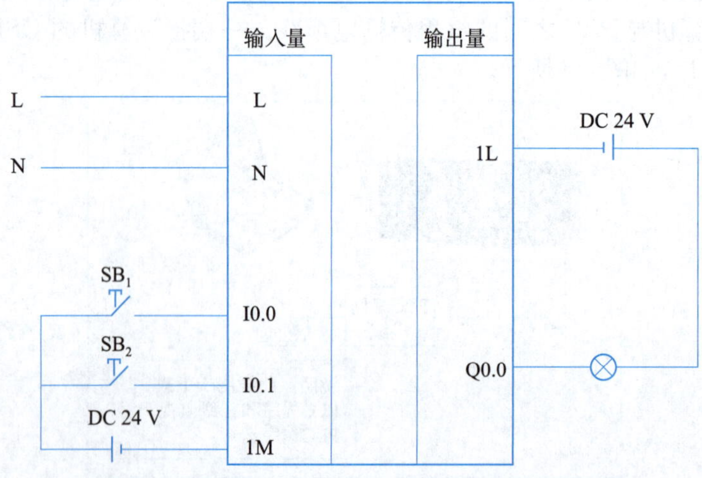

图6-10 PLC控制指示灯电路图

表 6-1　PLC 控制指示灯电路接线表

输入量			输出量		
地址	功能	注释	地址	功能	注释
I0.0	启动 SB_1		Q0.0	输出	指示灯
I0.1	停止 SB_2				
1L	接地	GND	1M	接地	
Com	+24V				

5. 下载运行程序

将程序下载到 PLC 主机，运行程序。程序下载完成后，操作输入开关按钮，观察指示灯的状态是否正确。

按照任务书的要求完成相应内容，见表 6-2。

表 6-2　学习任务书—PLC 控制指示灯电路的装调

班级		姓名		组别		日期	
1. 根据任务信息完成下列引导问题 (1)S7-200PLC 使用的电源有哪几个？ (2)S7-200PLC 输入端口有几个？输出端口有几个？							

续上表

(3)程序编写使用哪款电脑端软件？电脑与 PLC 编程线的端口是哪个？

(4)继电器型输出端如何连接接触器？

(5)输入信息号与输出信号采用何种电源？

2.任务实施

(1)根据任务要求准备设备与工量具，并在表内填写相关信息。

序号	名称	型号	数量	备注
1	PLC 实训箱			
2	PC 机			
3	编程线			
4	导线			

(2)设计一个 PLC 控制指示灯电路，画出控制程序梯形图。

(3)按照设计的电路，连接完成接线。

①确定使用的输入端口和输出端口，填入接线表。

②选择负载(指示灯)，确定使用电源。

③在 PC 机上编写控制程序。

④确定使用的按钮开关。

⑤连接电路后下载控制程序。

续上表

(4)按照接线情况填写接线表。

输入量			输出量		
地址	功能	注释	地址	功能	注释
	启动 SB_1			输出	指示灯
	停止 SB_2				
1L	接地	GND	1M	接地	
Com	+24 V				

(5)运行程序，操作按钮开关，观察指示灯状态。

根据任务完成情况，填写表 6-3。

表 6-3　任务评价表—PLC 控制指示灯电路的装调

<table>
<tr><th colspan="2">项目</th><th colspan="4">评价内容</th><th>满分</th><th>得分</th></tr>
<tr><td rowspan="7">师评</td><td rowspan="3">知识能力</td><td colspan="4">能正确识连接 PLC 电路</td><td>10</td><td></td></tr>
<tr><td colspan="4">能正确编写和录入控制程序</td><td>10</td><td></td></tr>
<tr><td colspan="4">程序运行结果正确</td><td>10</td><td></td></tr>
<tr><td rowspan="3">素质</td><td>出勤情况</td><td colspan="2">出勤</td><td>缺课（　　）</td><td>5</td><td></td></tr>
<tr><td colspan="4">任务书完成情况</td><td>10</td><td></td></tr>
<tr><td colspan="4">任务展示态度积极，口齿清楚，仪态得体</td><td>10</td><td></td></tr>
<tr><td colspan="5">作业</td><td>10</td><td></td></tr>
<tr><td rowspan="4">自评</td><td rowspan="2">自我反思
（自填）</td><td colspan="4"></td><td>—</td><td>—</td></tr>
<tr><td colspan="4"></td><td>—</td><td>—</td></tr>
<tr><td>完成情况</td><td colspan="2">完整(5 分)</td><td colspan="2">自主(5 分)</td><td>10</td><td></td></tr>
<tr><td>展示汇报</td><td colspan="2">是</td><td colspan="2">否</td><td>5</td><td></td></tr>
<tr><td rowspan="2">互评</td><td>完成情况</td><td colspan="4">能积极参与讨论，完成任务书</td><td>10</td><td></td></tr>
<tr><td>展示汇报</td><td colspan="4">能够组内积极进行任务展示</td><td>10</td><td></td></tr>
<tr><td colspan="6">总　　分</td><td>100</td><td></td></tr>
</table>

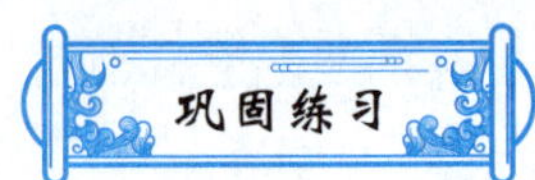

选择题

1. 继电接触器控制系统的缺点之一是(　　)。

A. 连接导线简单　　B. 电磁时间长,动作速度慢

C. 所用器件少　　D. 搬运容易

2. 最初开发制造 PLC 的主要目的是(　　)。

A. 便于编程　　B. 使用方便

C. 减少设计制造时间、减少经济成本　　D. 可靠性高

3. 下列不属于 PLC 硬件系统组成的是(　　)。

A. 中央处理单元　　B. 输入输出接口　　C. 用户程序　　D. I/O 扩展接口

4. PLC 的工作方式是(　　)。

A. 等待工作方式　　B. 中断工作方式　　C. 扫描工作方式　　D. 循环扫描工作方式

5. 把线圈额定电压为 220 V 的中间继电器线圈误接入 380 V 的交流电源上会发生的问题是:(　　)。

A. 中间继电器正常工作　　B. 中间继电器产生强烈振动

C. 烧毁线圈　　D. 烧毁触点

6. 交流接触器的电气文字符号是(　　)。

A. KA　　B. KT　　C. SB　　D. KM

7. 下列对 PLC 软继电器的描述正确的是(　　)。

A. 有无数对常开和常闭触点供编程时使用

B. 只有 2 对常开和常闭触点供编程时使用

C. 不同型号的 PLC 的情况可能不一样

D. 以上说法都不正确

8. AN 指令的作用是(　　)。

A. 用于单个常闭触点与前面的触点串联连接

B. 用于单个常闭触点与上面的触点并联连接

C. 用于单个常开触点与前面的触点串联连接

D. 用于单个常开触点与上面的触点并联连接

9. 甲乙两个接触器,欲实现互锁控制,则应(　　)。

A. 只在甲接触器的线圈电路中串入乙接触器的常闭触点

B. 只在乙接触器的线圈电路中串入甲接触器的常闭触点

C. 在两接触器的线圈电路中互串对方的常闭触点

D. 在两接触器的线圈电路中互串对方的常开触点

10. 下列对 PLC 输入继电器的描述正确的是(　　)。

A. 输入继电器的线圈只能由外部信号来驱动

B. 输入继电器的线圈只能由程序来驱动

C. 输入继电器的线圈既可以由外部信号来驱动又可以由程序来驱动

11. 中间继电器的电气符号是(　　)。

A. SB　　B. KT　　C. KA　　D. KM

12. 断电延时型时间继电器,它的延时动合触点为(　　)。

A. 延时闭合的动合触点　　B. 瞬动动合触点

C. 瞬时闭合延时断开的动合触点　　D. 瞬时断开延时闭合的动合触点

13. 电压继电器与电流继电器的线圈相比,具有的特点是(　　)。

A. 电压继电器的线圈与被测电路串联

B. 电压继电器的线圈匝数多,导线细,电阻大

C. 电压继电器的线圈匝数少,导线粗,电阻小

D. 电压继电器的线圈匝数少,导线粗,电阻大

14. 判断交流或直流接触器的依据是(　　)。

A. 线圈电流的性质　　B. 主触点电流的性质

C. 主触点的额定电流　　D. 辅助触点的额定电流

任务二　PLC 两地控制一盏灯电路的装调

设计一个两地控制一盏灯的 PLC 控制电路,并对电路进行安装与调试。要求在两地可以同时自由控制一盏灯的开关状态。

1. 设计一个利用 PLC 搭建的两地控制一盏灯照明电路。
2. 连接所设计的电路并录入、编译、下载和运行控制程序,检验电路和程序的正确性。

PLC 两地控制一盏灯电路示例。

1. 根据任务需求,确定输入、输出端口

本任务的输入与输出均使用 DC 24 V 电源,输入量为启动和停止各 2 个数字信号,共 4 个;输出为 1 个指示灯控制信号。输入与输出信号之间的逻辑关系由控制程序完成。先确定输入与输出信号的地址信息,见表 6-4。

表 6-4　输入与输出地址

输入量			输出量		
功能	地址	注释	功能	地址	注释
启动 1	I0.0	按钮开关	输出	Q0.0	指示灯
启动 2	I0.1	按钮开关			
停止 1	I0.2	按钮开关			
停止 2	I0.3	按钮开关			

2. 编写程序

两地控制一盏灯梯形图如图 6-11 所示。

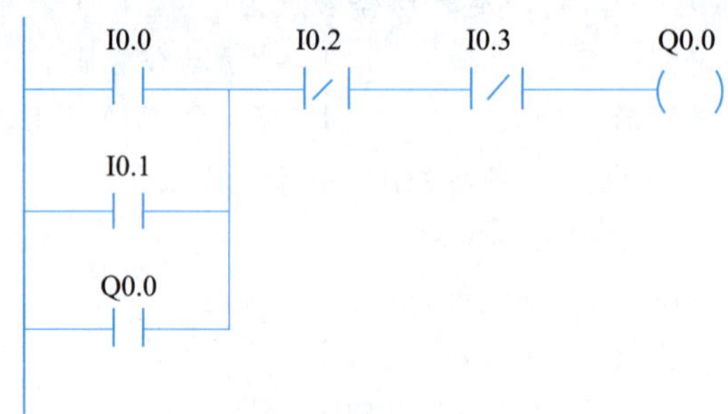

图 6-11　两地控制一盏灯梯形图

3. 编译并调试程序

将编写的程序录入系统中并编译和调试。

4. 连接电路

两地控制一盏灯控制电路接线见表 6-5。其 PLC 控制电路如图 6-12 所示。

表 6-5　两地控制一盏灯控制电路接线表

输入量			输出量		
地址	功能	注释	地址	功能	注释
I0.0	启动 SB1	按钮开关	Q0.0	输出	指示灯
I0.1	启动 SB2	按钮开关			
I0.2	停止 SB3	按钮开关			
I0.3	停止 SB4	按钮开关			
1L	接地	GND	1M	接地	
Com	+24 V				

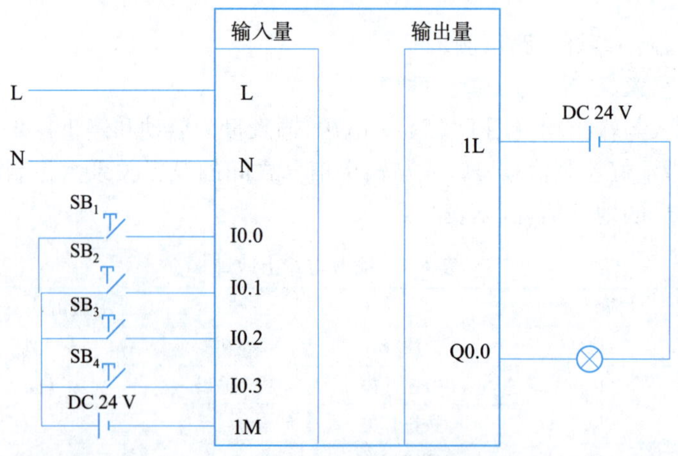

图 6-12　PLC 控制电路图

5. 下载，运行程序

程序下载完成后，操作输入开关按钮，观察指示灯的状态是否正确。

按照任务书要求完成相应内容，见表 6-6。

表 6-6　学习任务书—PLC 两地控制一盏灯电路的装调

班级		姓名		组别		日期	
1. 根据任务信息完成下列引导问题 (1)传统电路如何实现两地控制一盏灯？请画出电路图。 (2)本任务需要用到几个输入端口？几个输出端口？ (3)如果直流 24 V 的指示灯换成了交流 220 V 的荧光灯，电路如何连接？ (4)如果输入或输出的端口改变了，控制程序如何改变？							

续上表

2.任务实施

(1)根据任务要求准备设备与工量具,并在表内填写相关信息。

序号	名称	型号	数量	备注
1	PLC 实训箱			
2	PC 机			
3	编程线			
4	导线			

(2)设计一个 PLC 两地控制一盏灯电路,画出控制程序梯形图。

(3)按照设计的电路,连接完成接线。

①确定使用的输入端口和输出端口。

②确定负载(指示灯)和电源。

③确定使用的按钮开关。

④在 PC 机上录入、编译控制程序。

⑤连接电路后下载控制程序。

(4)填写接线表。

输入量			输出量		
地址	功能	注释	地址	功能	注释
	启动 1			输出	指示灯
	启动 2				
	停止 1				
	停止 2				
1L	接地	GND	1M	接地	
Com	+24 V				

(5)运行程序,操作按钮开关,观察指示灯状态。

根据任务完成情况，填写表 6-7。

表 6-7　任务评价表—PLC 两地控制一盏灯电路装调

<table>
<tr><th colspan="2">项目</th><th colspan="3">评价内容</th><th>满分</th><th>得分</th></tr>
<tr><td rowspan="7">师评</td><td rowspan="3">知识能力</td><td colspan="3">能正确识认连接 PLC 电路</td><td>10</td><td></td></tr>
<tr><td colspan="3">能正确编写和录入控制程序</td><td>10</td><td></td></tr>
<tr><td colspan="3">程序运行结果正确</td><td>10</td><td></td></tr>
<tr><td rowspan="3">素质</td><td>出勤情况</td><td>出勤</td><td>缺课（　　）</td><td>5</td><td></td></tr>
<tr><td colspan="3">任务书完成情况</td><td>10</td><td></td></tr>
<tr><td colspan="3">任务展示态度积极，口齿清楚，仪态得体</td><td>10</td><td></td></tr>
<tr><td colspan="4">作业</td><td>10</td><td></td></tr>
<tr><td rowspan="4">自评</td><td rowspan="2">自我反思（自填）</td><td colspan="3"></td><td>—</td><td>—</td></tr>
<tr><td colspan="3"></td><td>—</td><td>—</td></tr>
<tr><td>完成情况</td><td colspan="2">完整（5 分）</td><td>自主（5 分）</td><td>10</td><td></td></tr>
<tr><td>展示汇报</td><td colspan="2">是</td><td>否</td><td>5</td><td></td></tr>
<tr><td rowspan="2">互评</td><td>完成情况</td><td colspan="3">能积极参与讨论，完成任务书</td><td>10</td><td></td></tr>
<tr><td>展示汇报</td><td colspan="3">能够组内积极进行任务展示</td><td>10</td><td></td></tr>
<tr><td colspan="5">总　分</td><td>100</td><td></td></tr>
</table>

任务三　PLC 控制电动机正反转电路的装调

利用 PLC 代替传统的继电器—接触器控制电动机工作，可以使电路接线简单、提高逻辑电路工作的可靠性，减少电器的维护成本，是现代化控制电路广泛采用的控制方法。

1. 设计一个利用 PLC 搭建的电动机正反转控制电路。
2. 连接设计的电路并录入、编译、下载和运行控制程序，验证电路和程序的正确性。

PLC 控制电动机正反转电路的示例

1. 根据任务需求，确定输入、输出端口

本任务的输入与输出均使用 DC 24 V 电源，输入为 2 个启动和 1 个停止共 3 个数字信号；输出为 2 个指示灯代替正反转接触器的控制信号。输入与输出信号之间的逻辑关系由控制程序完成。先确定输入与输出信号的地址信息，见表 6-8。

表 6-8　输入与输出地址（表中的地址为建议地址）

输入量			输出量		
功能	地址	注释	功能	地址	注释
正转启动	I0.0	按钮开关	正转输出	Q0.0	指示灯
反转启动	I0.1	按钮开关	反转输出	Q0.1	指示灯
停止	I0.2	按钮开关			

2. 编写程序

图 6-13 所示为电动机正反转控制梯形图。

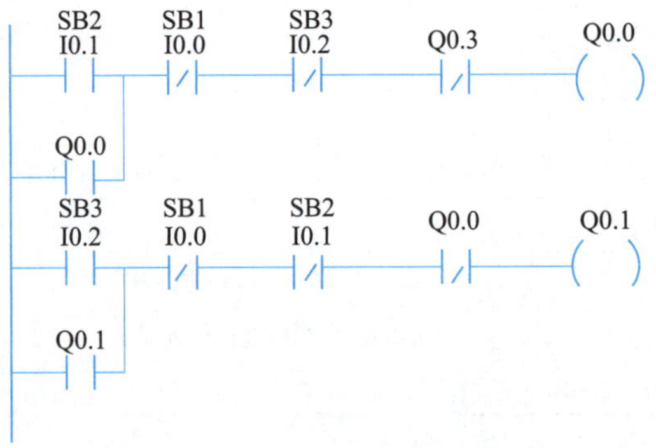

图 6-13　电动机正反转控制梯形图

3. 编译并调试程序

将编写的程序录入系统中并编译和调试。

4. 按照接线表连接电路

按照接线表和电路图完成电路的连接。表 6-9 为电动机正反转控制电路的接线表。其 PLC 控制电路如图 6-14 所示。

5. 下载，运行程序

程序下载完成后，操作输入开关按钮，观察指示灯的状态是否正确。

表 6-9　电动机正反转控制电路接线表

输入量			输出量		
地址	功能	注释	地址	功能	注释
I0.0	正转启动 SB_1	按钮开关	Q0.0	正转输出	指示灯
I0.1	反转启动 SB_2	按钮开关	Q0.1	反转输出	指示灯
I0.2	停止 SB_3	按钮开关			
1L	接地	GND	1M	接地	
Com	+24 V				

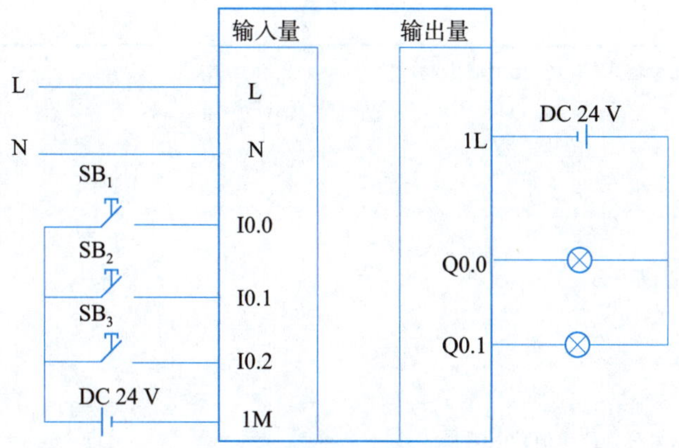

图 6-14　PLC 控制电路图

按照任务书要求完成相应内容，见表 6-10。

表 6-10　学习任务书—PLC 控制电动机正反转电路的装调

班级		姓名		组别		日期	
1. 根据任务信息完成下列引导问题 (1)传统电路控制电动机正反转运行需要用到哪些电器？ (2)传统电路中正反转接触器是如何控制的？ (3)三相交流电动机的正反转与直流电动机的正反转在控制方法上有何不同？							

续上表

(4)本任务需要用到几个输入端口？几个输出端口？

(5)输入信号与输出信号分别使用何种电源？

2.任务实施

(1)根据任务要求准备设备与工量具,并在表内填写相关信息。

序号	名称	型号	数量	备注
1	PLC实训箱			
2	PC机			
3	编程线			
4	导线			

(2)设计一个PLC控制电动机正反转的电路,画出控制程序梯形图。

(3)按照设计的电路,连接完成接线。

①确定使用的输入端口和输出端口。

②确定负载(指示灯)和电源。

③确定使用的按钮开关。

④在PC机上录入、编译控制程序。

⑤连接电路后下载控制程序。

续上表

<table>
<tr><td colspan="6">(4)对照接线情况完成接线表。</td></tr>
<tr><td colspan="3">输入量</td><td colspan="3">输出量</td></tr>
<tr><td>地址</td><td>功能</td><td>注释</td><td>地址</td><td>功能</td><td>注释</td></tr>
<tr><td></td><td>正转启动</td><td></td><td></td><td>输出</td><td>指示灯</td></tr>
<tr><td></td><td>反转启动</td><td></td><td></td><td></td><td></td></tr>
<tr><td></td><td>停止</td><td></td><td></td><td></td><td></td></tr>
<tr><td>1L</td><td>接地</td><td>GND</td><td>1M</td><td>接地</td><td></td></tr>
<tr><td>Com</td><td>+24 V</td><td></td><td></td><td></td><td></td></tr>
<tr><td colspan="6">(5)运行程序,操作按钮开关,观察指示灯状态。</td></tr>
</table>

根据任务完成情况,填写表 6-11。

表 6-11　任务评价表—PLC 控制电动机正反转电路的装调

<table>
<tr><td colspan="2">项目</td><td colspan="3">评价内容</td><td>满分</td><td>得分</td></tr>
<tr><td rowspan="7">师评</td><td rowspan="3">知识能力</td><td colspan="3">能正确识认连接 PLC 电路</td><td>10</td><td></td></tr>
<tr><td colspan="3">能正确编写和录入控制程序</td><td>10</td><td></td></tr>
<tr><td colspan="3">程序运行结果正确</td><td>10</td><td></td></tr>
<tr><td rowspan="3">素质</td><td>出勤情况</td><td>出勤</td><td>缺课(　　)</td><td>5</td><td></td></tr>
<tr><td colspan="3">任务书完成情况</td><td>10</td><td></td></tr>
<tr><td colspan="3">任务展示态度积极,口齿清楚,仪态得体</td><td>10</td><td></td></tr>
<tr><td colspan="4">作业</td><td>10</td><td></td></tr>
<tr><td rowspan="4">自评</td><td rowspan="2">自我反思
(自填)</td><td colspan="3"></td><td>—</td><td>—</td></tr>
<tr><td colspan="3"></td><td>—</td><td>—</td></tr>
<tr><td>完成情况</td><td colspan="2">完整(5 分)</td><td>自主(5 分)</td><td>10</td><td></td></tr>
<tr><td>展示汇报</td><td colspan="2">是</td><td>否</td><td>5</td><td></td></tr>
<tr><td rowspan="2">互评</td><td>完成情况</td><td colspan="3">能积极参与讨论,完成任务书</td><td>10</td><td></td></tr>
<tr><td>展示汇报</td><td colspan="3">能够组内积极进行任务展示</td><td>10</td><td></td></tr>
<tr><td colspan="5">总　　分</td><td>100</td><td></td></tr>
</table>

任务四　单片机控制步进电动机正反转电路的装调

步进电动机是一种将电脉冲信号转换成角位移或线位移的机电元件。它的输入量是脉冲序列，输出量则为相应的增量位移或步进运动。步进电动机能直接接受数字量的控制，适合采用 PLC 和单片机进行控制。

1. 设计一个单片机控制步进电动机正反转的电路。
2. 对电路进行安装与调试。

一、步进电动机

步进电动机是一种将电脉冲转化为角位移的执行机构。通俗一点讲：当步进驱动器接收到一个脉冲信号，它就驱动步进电动机按设定的方向转动一个固定的角度（步距角）；通过控制脉冲个数来控制角位移量，从而达到准确定位的目的；同时也可以通过控制脉冲频率来控制电动机转动的速度和加速度，从而达到调速的目的；还可以通过控制各相绕组通电的方式来控制电动机的转向。目前，步进电动机的数字控制方式主要有两种，一种是通过 PLC 编程控制脉冲的数量和频率，结合电动机各相绕组的通电方式和电流大小来控制步进电动机的旋转；另一种是通过单片机来控制产生脉冲信号数量和频率，只要对步进电动机的各相绕组按合适的时序通电，就能使步进电动机步进转动。

在非超载的情况下，电动机的转速、停止的位置只取决于脉冲信号的频率和脉冲数，而不受负载变化的影响，即给电动机加一个脉冲信号，电动机则转过一个步距角。由于这一线性关系的存在，加上步进电动机只有周期性的误差而无累积误差等特点，使得其在速度、位置等控制领域的控制变得非常简单。

二、步进电动机的分类

目前常用的有三种步进电动机：

1. 反应式步进电动机 VR (Variable Reluctance)。其转子由软磁材料制成，转子中没有绕组。反应式步进电动机结构简单，生产成本低，步距角小，但动态性能差。

2. 永磁式步进电动机 PM (Permanent Magnet)。其转子式永磁材料制成，转子本身就是一个磁源。永磁式步进电动机出力大，动态性能好；但精度低，步距角大。

3. 混合式步进电动机 HB (Hybird)。其转子无绕组有磁钢，它综合了反应式、永磁式步进电动机两者的优点，它的步距角小，输出转矩大，动态性能好，是目前性能最高的步进电动机。它有时也称作永磁感应子式步进电动机。

三、步进电动机的结构和静态指标术语

1. 反应式步进电动机的结构

图 6-15 所示是一个三相反应式步进电动机的结构图，从图中可以看出，它分成转子和定子两部分，定子是由硅钢片叠装而成，定子上有 6 个磁极，每两个相对的磁极组成一对，共有三对。每对磁极缠有同一绕组，也即成为一相。每个磁极的内表面都分布着多个小齿，它们大小相同，间距相同。转子是由软磁材料制成的，其外表面也均匀分布着小齿。这些小齿与定子磁极上的小齿的齿距相同，形状相似。转子的齿是均匀分布在圆周上的，而定子的齿只分布于磁极上，属于不完全齿。当某一相处于对齿状态时，该相磁极上定子的所有小齿都与转子上的小齿对齐。

把定子小齿与转子小齿对齐的状态称为对齿。把定子小齿和对转子小齿不对齐的位置称为错齿。错齿的存在是步进电动机能够旋转的前提条件，所以在步进电动机的结构中，必须保持有错齿的存在。也就是说，当某一相处于对齿状态时，其他相必须处于错齿状态，如图 6-16 所示。

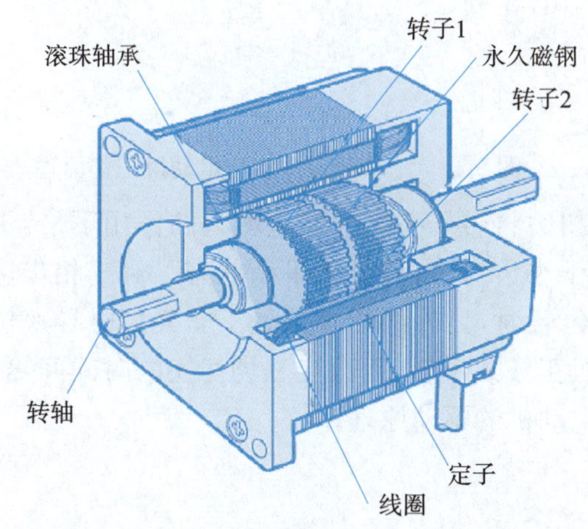

图 6-15　三相反应式步进电动机结构示意图

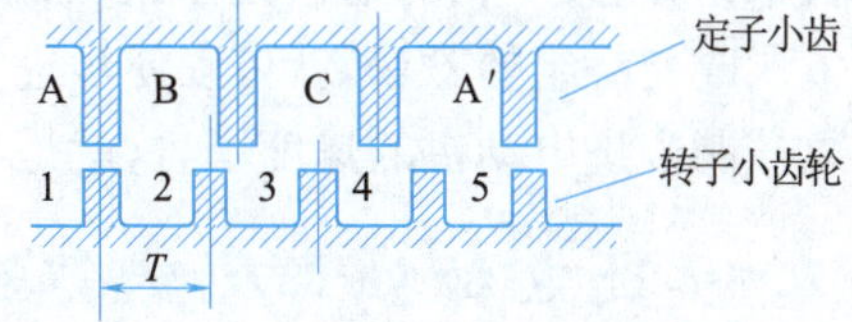

图 6-16　定子与转子展开图错齿位置关系

(1)相数：产生不同磁极 N、S 磁场的激磁线圈对数。

(2)拍数：完成一个磁场周期性变化所需脉冲数或导电状态，用 n 表示，或指电动机转过一个齿距角所需脉冲数。以四相电动机为例，四相四拍运行方式即 AB-BC-CD-DA-AB，四相八拍运行方式即 A-AB-B-BC-C-CD-D-DA-A。

(3)步距角：对应一个脉冲信号，电动机转子转过的角位移用 θ_h 表示。以常规二、四相，转子齿为 50 齿电机为例，四拍运行时步距角为 $\theta_h=360°/(50\times4)=1.8°$（俗称整步），八拍运行时步距角为 $\theta_h=360°/(50\times8)=0.9°$（俗称半步）。反应式步进电动机的步距角可按下式计算：

$$\theta_h=2\pi/NE_r$$

式中　E_r——转子齿数；

N——运行拍数，$N=km$，m 为步进电动机的绕组相数，$k=1$ 或 2。

(4)定位转矩：电动机在不通电状态下，其转子自身的锁定力矩（由磁场齿形的谐波以

及机械误差造成的)。

(5)静转矩:电动机在额定静态电作用下,不作旋转运动时,转轴的锁定力矩。

四、步进电动机的工作原理

图 6-17 所示是三相反应式步进电动机的工作原理图。电动机的定子上有 6 个均布的磁极,其夹角是 60°。各磁极上套有线圈连成 A、B、C 三相绕组。假设转子上均布 40 个小齿,而定子每个磁极的极弧上有 5 个小齿,且定子和转子的齿距和齿宽均相同。则由于定子和转子的小齿数目分别是 30 和 40,其比值是一分数,这就产生了所谓的齿错位的情况。若以 A 相磁极小齿和转子的小齿对齐,那么 B 相和 C 相磁极的齿就会分别和转子齿相错三分之一的齿距,即 3°。即 A 相与齿 1 相对齐,B 相与齿 2 向右错开$\frac{1}{3}\theta_Z$,C 与齿 3 向右错开$\frac{2}{3}\theta_Z$。

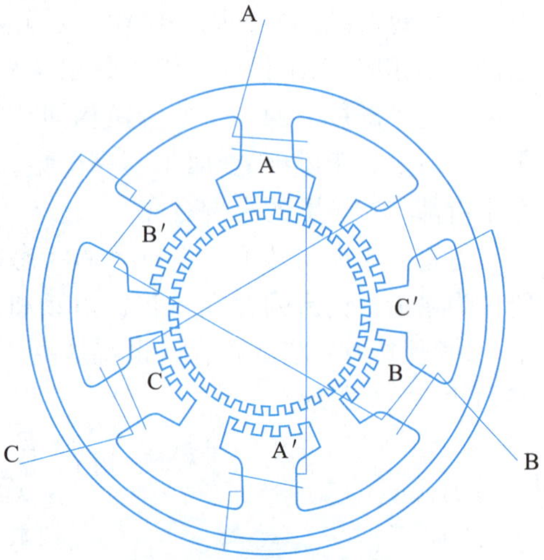

图 6-17 三相反应式步进电动机工作原理

当定子的一个绕组通电时,将产生电磁场,如果这个磁场的方向和转子磁场方向不在同一条直线上,那么定子和转子的磁场将产生一个扭力将转子扭转。在电磁力的作用下,转子被强行推到最大磁导率的位置,定子小齿和转子小齿对齐,并处于平衡状态。对三相步进电动机来说,当某一相的磁极处于最大磁导率位置时,另外两相必须处于非最大磁导率位置。依次改变绕组的磁场,就可以使步进电动机正转或反转,而改变磁场切换的时间间隔,就可以控制步进电动机的速度了,这就是步进电动机的驱动原理。

五、步进电动机正反转实验

1. 实验目的

(1)了解步进电动机的单片机驱动控制工作原理。

(2)了解 51 单片机控制步进电动机转速程序的编写思路。

(3)理解硬件接线与软件驱动之间的关系。

2. 实验设备

(1)单片机口袋机。

(2)mini USB 口下载电缆。

(3)JC-PM5 电动机控制板。

(4)电源线。

3. 实验原理

本实验使用的步进电动机型号是 28BYJ48,是五线四相步进电动机,采用 DC 5 V 电源供电。只要对步进电动机的各相绕组按合适的时序通电,就能使其步进转动。五线四相步进电动机工作原理如图 6-18 所示。

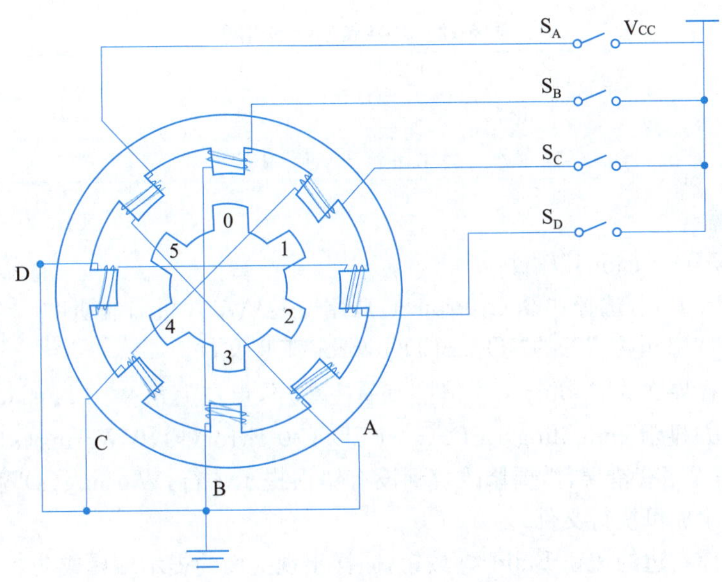

图 6-18　五线四相步进电动机工作原理示意图

首先，开关 S_B 接通电源，S_A、S_C、S_D 均断开，B 相磁极和转子 0、3 号齿对齐，同时，转子的 1、4 号齿与 C、D 相绕组磁极产生错齿，2、5 号齿与 D、A 相绕组磁极产生错齿。当开关 S_C 接通电源，S_B、S_A、S_D 断开时，由于 C 相绕组的磁力线和 1、4 号齿之间磁力线的作用，使转子转动，1、4 号齿和 C 相绕组的磁极对齐。而 0、3 号齿和 A、B 相绕组产生错齿，2、5 号齿就和 A、D 相绕组磁极产生错齿。依此类推，A、B、C、D 四相绕组轮流供电，则转子会沿着 A、B、C、D 方向转动。

由于步进电动机的驱动电流较大，单片机不能直接驱动，一般都是使用 ULN2003 达林顿阵列驱动，当然，使用下拉电阻或三极管也是可以驱动的，只不过效果不是那么好，产生的扭力比较小。

四相步进电动机按照通电顺序的不同，可分为单四拍、双四拍、八拍三种工作方式。单四拍与双四拍的步距角相等，但单四拍的转动力矩小。八拍工作方式的步距角是单四拍与双四拍的一半，因此，八拍工作方式既可以保持较高的转动力矩又可以提高控制精度。实验所用步进电机为八拍步进电动机。

单四拍、双四拍与八拍工作方式的电源通电时序与波形分别如图 6-19 所示。

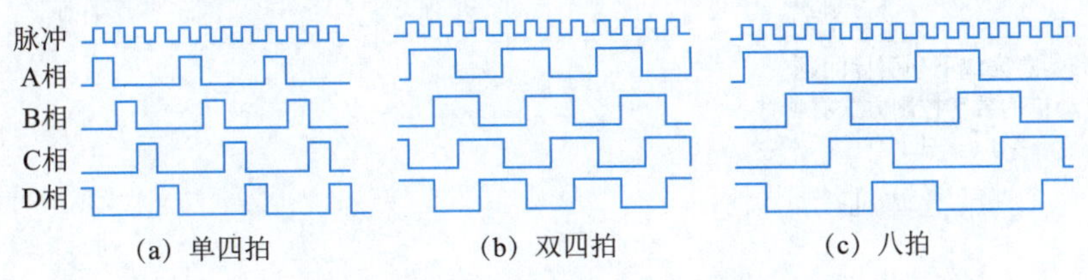

图 6-19　电源通电时序与波形

本实验选用史普拉格(SPRAGUE)3000 系列霍尔开关传感器 3144，器件采用三端平塑封装。引出端功能符号见表 6-12。

表 6-12　3144 传感器的引脚

引出端序号	1	2	3
功能	电源	地	输出
符号	V_{CC}	GND	OUT

4. 实验步骤

(1)打开“Keil uVision4”软件。

(2)点击“Project”,选择:“Open Project”调用“…:\\单片机口袋机 02—实验指导书以及例程\\ 18- PWM_电机”下的“IO—LED. uvproj”工程文件。

(3)双击工程界面的“Motor. C”文件,查看主程序,点左上角 Translate 图标进行程序编译,如果下方显示 compiling LED. C…LED. C-0 Error(s),0 Waring(s). 说明编译成功。Error(s)是程序有错误,需要修改直到没有错误提示才行,Warning(s)警告的意思(注意,此功能不会生成可执行文件)。

(4)点击编译右边的按钮 Build 按钮,同样出现上面的提示编译成功才行。

(5)实验中,将扩展板插到口袋机 B 口,将电源线接好,将程序下载到口袋机上,按下 K_0 按键,进入电动机选择界面,这时在 OLED 上会有三个选项显示,K_0 为返回选项,K_1 为直流电动机选项,K_2 为步进电动机选项,当按下 K_1 按键时,进入直流电动机控制界面,OLED 屏上显示占空比值以及转速,其中,K_1 和 K_2 按键为占空比调节按键,通过调节占空比来控制电动机转速(K_1 增加占空比同时将电动机转速调高,K_2 降低占空比同时减慢电动机转速)(* 占空比在 15～70 之间,过低会导致电动机无法转动,过高会导致芯片过热保护而限制转速)。

(6)在电动机选择界面,按下 K_2 按键,进入步进电动机控制界面,OLED 屏显示其正反转选项,和步进电动机每步所需时间以及控制选项,当按下 K_2 按键时,步进电动机转动所需时间增长,当按下 K_1 按键时,电动机转动所需时间减少,当按下 K_3 按键时,步进电动机正转,按下 K_4 按键,步进电动机反转。

按照任务要求完成相应内容,见表 6-13。

表 6-13　学习任务书—单片机控制电动机正反转电路的装调

班级		姓名		组别		日期	
1. 根据任务信息完成下列引导问题 (1)步进电动机的数字控制方式有哪些?							

续上表

(2)填写步进电动机的种类和特点。

步进电机种类	VR ________	PM ________	HB ________
特 点			

(3)步进电动机的结构和静态指标。

①由题图 6-1 可知,步进电动机由________和________两大部分构成,其中 1—______,2—______,3—______,题图 6-2中定子小齿与转子小齿错齿________。

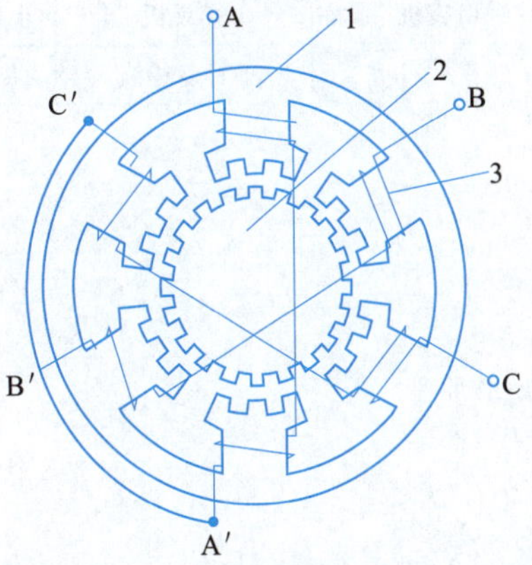

题图 6-1　反应式步进电动机的结构示意图

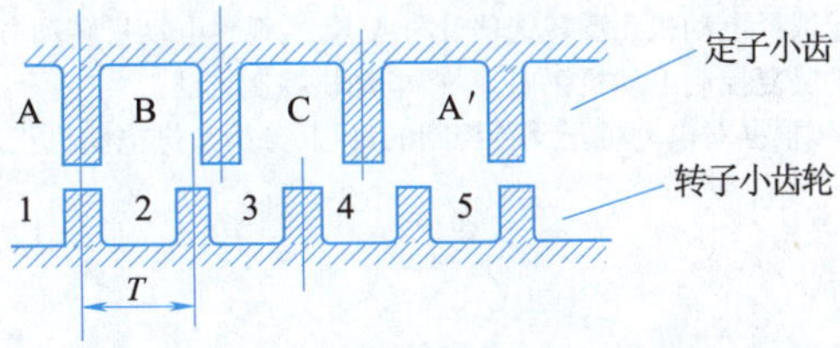

题图 6-2　定子与转子展开图错齿位置关系

②请区分以下步进电动机的静态指标:

a. 相数:产生不同磁极 N、S 磁场的____________对数。

b. 拍数:完成一个____________变化所需脉冲数或导电状态,用 n 表示,或指电动机转过一个____________所需脉冲数。

c. 步距角:对应一个________信号,电动机转子转过的__________用θ_h表示,其计算公式为____________。

d. 齿距角用θ_Z表示,其计算公式为________________________。

续上表

2. 任务实施

(1)根据任务要求准备设备与工量具，并在表内填写相关信息。

序号	名称	型号	数量	备注
1	单片机口袋机			
2	mini USB 数据线			
3	JC-PM5 电动机控制板			
4	五线四相步进电动机			

(2)设计单片机控制步进电动机正反转的控制电路。

(3)接线表。

程序下载			电动机控制		
电脑	连接线	口袋机	口袋机	扩展板	步进电动机
USB 口	数据线	Min USB 口	扩展口	5 针专用线	

(4)按照设计的电路，连接完成接线。

①编译并下载程序。

②选择直流电动机选项(K_1)。

③选择步进电动机选项(K_2)。

④选择电动机正反转选项(K_3 或 K_4)，观察电动机转动方向。

⑤反复控制电动机正向，掌握电动机控制方法。

(5)根据对电动机正反转控制的过程，分析步进电动机正反转的工作原理。

根据任务完成情况，填写表 6-14。

表 6-14　任务评价表—单片机控制步进电动机正反转电路的装调

<table>
<tr><th colspan="2">项目</th><th colspan="3">评价内容</th><th>满分</th><th>得分</th></tr>
<tr><td rowspan="7">师评</td><td rowspan="3">知识能力</td><td colspan="3">理解步进电动机的驱动控制原理</td><td>15</td><td></td></tr>
<tr><td colspan="3">理解步进电动机的静态特性指标</td><td>10</td><td></td></tr>
<tr><td colspan="3">学会步进电动机的简单参数修改</td><td>5</td><td></td></tr>
<tr><td rowspan="3">素质</td><td>出勤情况</td><td>出勤</td><td>缺课(　　　)</td><td>5</td><td></td></tr>
<tr><td colspan="3">任务书完成情况</td><td>10</td><td></td></tr>
<tr><td colspan="3">任务展示态度积极,口齿清楚,仪态得体</td><td>10</td><td></td></tr>
<tr><td colspan="4">作业</td><td>10</td><td></td></tr>
<tr><td rowspan="4">自评</td><td rowspan="2">自我反思
(自填)</td><td colspan="3"></td><td>—</td><td>—</td></tr>
<tr><td colspan="3"></td><td>—</td><td>—</td></tr>
<tr><td>完成情况</td><td>完整(5 分)</td><td colspan="2">自主(5 分)</td><td>10</td><td></td></tr>
<tr><td>展示汇报</td><td>是</td><td colspan="2">否</td><td>5</td><td></td></tr>
<tr><td rowspan="2">互评</td><td>完成情况</td><td colspan="3">能积极参与讨论,完成任务书</td><td>10</td><td></td></tr>
<tr><td>展示汇报</td><td colspan="3">能够组内积极进行任务展示</td><td>10</td><td></td></tr>
<tr><td colspan="5">总　　分</td><td>100</td><td></td></tr>
</table>

一、填空题

1. 步进电动机是一种将________转化为________的执行机构。

2. 当步进驱动器接收到一个脉冲信号,它就驱动步进电动机按设定的方向转动一个固定的________。

3. 目前常用的有三种步进电动机:________、________和________。

4. 对齿是指________小齿与________小齿对齐的状态,把定子小齿和对转子小齿不对齐的位置称为________。

5. 拍数是指完成一个磁场周期性变化所需________,或指电动机转过一个________角所需脉冲数。

二、判断题

1. 在非超载的情况下,电动机的转速、停止的位置只取决于脉冲信号的频率和脉冲数,而不受负载变化的影响。(　　)

2. 对三相步进电动机来说,当某一项的磁极处于最大磁导率位置时,另外两项必须处于非最大磁导率位置。(　　)

3. 在电磁力的作用下,转子被强行推到最大磁导率的位置,定子小齿和转子小齿对齐的位置。(　　)

4. 三相反应式步进电动机的转子的齿是均匀分布在圆周上的,而定子的齿只分布于磁极上,属于不完全齿。(　　)

5. 步距角是指对应一个脉冲信号,电机转子转过的角位移。(　　)

三、简答题

试画图分析四相步进电动机双四拍工作方式的工作原理。

参考文献

[1]《和谐型交流传动机车技术丛书》编委会. HXD3C 型电力机车[M]. 北京:中国铁道出版社,2019.

[2] 铁道部. 机车电工(电力)[M]. 北京:中国铁道出版社,2009.

[3] 杨清德,余明飞,孙红霞. 低压电工考证培训教材[M]. 北京:化学工业出版社,2020.

[4] 刘理云,贺应和. 低压电工入门考证[M]. 北京:化学工业出版社,2016.

[5] 张宋文. 电工技能 工作岛学习工作页[M]. 北京:中国轻工业出版社,2017.

[6] 王晓明. 电动机的单片机控制 [M]. 北京:北京航空航天大学出版社,2020.

[7] 郭世明. 机车动车牵引交流传动技术 [M]. 北京:机械工业出版社,2012.

[8] 王兆安,刘进军. 电力电子技术[M]. 5 版. 北京:机械工业出版社,2009.

[9] 孙立志. PWM 与数字化电动机控制技术应用 [M]. 北京:中国电力出版社,2008.